"全悦读"丛书

注音释义　名师点拨　精批详注

孟子选译

〔战国〕孟　子　著

李乡状　主编　"全悦读"丛书编委会　编

逻辑缜密，雄辩滔滔
经典儒家著作，喻事明理文集

— 林非倾情作序推荐 —

陕西师范大学出版总社

图书代号　　WX17N0766

图书在版编目(CIP)数据

孟子选译／(战国)孟子著；"全悦读"丛书编委会编.—西安：
陕西师范大学出版总社有限公司，2018.1(2023.12重印)
("全悦读"丛书／李乡状主编)
ISBN 978-7-5613-9311-6

Ⅰ.①孟…　Ⅱ.①孟…②全…　Ⅲ.①《孟子》—译文
Ⅳ.①B222.54

中国国家版本馆 CIP 数据核字(2023)第 226031 号

孟子选译
MENGZI XUANYI
〔战国〕孟　子　著　"全悦读"丛书编委会　编

责任编辑／	李　岩
责任校对／	王宁宁
排版制作／	北京文贤阁图书有限公司
出版发行／	陕西师范大学出版总社
	(西安市长安南路199号　邮编710062)
网　　址／	http://www.snupg.com
印　　刷／	陕西思维印务有限公司
开　　本／	720 mm×1020 mm　1/16
印　　张／	13
字　　数／	240千
版　　次／	2018年1月第1版
印　　次／	2023年12月第3次印刷
书　　号／	ISBN 978-7-5613-9311-6
定　　价／	42.80元

名人推荐

林 非

林非,著名学者、散文家,中国社会科学院研究生院教授、博士、研究生导师,历任中国散文学会会长、中国鲁迅研究会会长。

著有《鲁迅前期思想发展史略》《现代六十九家散文札记》《中国现代散文史稿》《文学研究入门》《鲁迅和中国文化》《离别》等;迄今共出版30余部著作;主编《中国散文大词典》《中国当代散文大系》等。

名师编写团队

郑晓龙	首都师大附中语文特级教师
蔡　可	北京大学文学博士，首都师范大学教育学院副教授
李春颖	首都师范大学语文教学教研室主任
徐　震	中央戏剧学院文学博士，首都师范大学文学院副教授
杨　霞	中国人民大学文学博士，首都师范大学新闻传播学系图书出版方向负责人
张四海	北京大学文学博士，首都师范大学文学院讲师
陈　虹	上海中学教学处主任，语文特级教师
李乡状	吉林摄影出版社副编审
李文铮	洛阳市第二外国语学校语文特级教师
赵景瑞	北京东城区教育研究中心副主任，特级教师

序言 Preface

读到生命的最后一天（代序）

天下的书籍确实是谁也无法读完的，我准备充分利用自己的余生，再读一些能够启迪思想和陶冶情操的书。

这几年出版的书实在太多了，用迅速浏览的速度都看不过来，某些书籍受到了人们的冷落，某些书籍赢得了人们的喝彩，似乎都显得有些偶然。不过在这种偶然性的背后，最终都表现出了时代思潮的复杂趋向，而并不完全由这些书籍本身的质量和写作技巧所决定。

近几年来，我围绕启蒙主义和现代观念的问题写了一些论文，目的是想引起共鸣或争论，以后还愿意在思想和文化这方面继续做些研究，因此想围绕这样的研究和写作任务，读一些过去没有很好注意的书，以便增加新的知识，更好地开阔视野，从纵横这两个方面，认认真真地去思考一些问题。譬如像黄宗羲的《明夷待访录》，我曾读过多遍，向来都是惊讶和叹服于他的平等观念与民主思想。为什么300多年前的明清之际，在古老的专制王朝统治的躯壳中间，会萌生出如此符合于现代生活秩序的思想见解来呢？这是一个孤立和偶然的思想高峰，还是从当时资本主义萌芽和不断滋长的土壤中间，必然会产生出来的呢？

如果想一想徐渭、李贽、袁宏道、汤显祖和徐光启这些杰出的名字，又应该得到什么样的结论呢？而他们与莎士比亚、塞万提斯和伽利略，又几乎是在同一个时代出现的，这里究竟有多少属于历史与未来的必然性呢？我想再好好地研究一番，力图做出比较满意的回答来。

如果生活在今天的人们，都能够达到300多年前黄宗羲那样伟大思想家的境界，中国这一片辽阔的土地上，将会出现多少光辉灿烂的奇迹啊！可是为什么经过了300多年的漫长岁月，在今天生活里的绝大多数人，还远远没有达到他那样的思想境界呢？这难道不让人感到十分地丧气吗？

郁达夫说过："没有伟大的人物出现的民族，是世界上最可怜的生物之群；有了伟大的人物，而不知拥护、爱戴、崇仰的国家，是没有希望的奴隶之邦。"（《怀鲁迅》）这是说得很沉痛和感人的。

思考民族的前程、人类的未来，这很像听贝多芬的《第九交响曲》那样，常常会使自己激动不已，然而这就得广泛和深入地读书，否则是无法使自己的思考向前迈步，变得十分丰满和明朗起来的。我读了丘吉尔、戴高乐、阿登纳和赫鲁晓夫这些外国政治家写的回忆录，读了德热拉斯的《与斯大林的谈话》和《新阶级》，对于自己认识整个的当今世界，是起了很大作用的，我还想继续读一些这方面的书籍。

陶冶情操的音乐和美术论著，我已经读了不少，自然也得继续看下去。

我想读的书是无穷无尽的，只要还活着，我就会高高兴兴地读下去，自然在翻阅有些悲悼人类不幸命运的著作时，也会变得异常忧伤和痛苦，不过这是毫不可怕的，克服忧伤和痛苦的过程，不就是人生最大的欢乐吗？要想在社会中坚强地奋斗下去，就应该有这种心理上的充分准备。我会这样读下去的，读到生命的最后一天。

林非

2016年12月21日

（有删节）

名师导航

作品速览

　　《孟子》是记载孟子及其学生言行的一部书。"仁、义、善"是孟子的主要思想。孟子也是通过周游列国,去宣传自己的思想,但是在很长时间内"民为贵,社稷次之,君为轻"的思想都很难被君王们所接受。凭借孟子的循循善诱,挺身力辩,最终这种理念才被采纳。直到现在我们国家的发展和建设也依旧是围绕着这个观点进行的。与此同时,孟子对气节也十分看重:"呼尔而与之,行道之人弗受;蹴尔而与之,乞人不屑也。"对于这种嗟来之食,孟子应该是不屑一顾的。孟子生活的战国中期较孔子生活的春秋末期社会更加动荡不安。但同时,思想也更加活跃,形成"百家争鸣"的局面。孟子继承和发展了孔子的思想。同时,在与各家学派的激烈交锋中,维护了儒家学派的理论,也确立了自己在儒学中的重要地位,成为仅次于孔子的大儒。《孟子》也是以记言为主的语录体散文,《孟子》中有许多长篇大论,气势磅礴,议论尖锐、机智而雄辩,给人侃侃而谈的感觉,对后世的散文写作产生了深刻的影响。

　　《孟子选译》正文按章节分原文、注释、译文三个部分进行综合阐述,帮助读者最大限度地读懂并理解原著。撰者把握《孟子》成书的历史脉络与前人注疏的演变,并注重吸取现代学者的研究成果,使注释更为翔实,译文更有可读性。

人物小站

尧

（约前2377—约前2259），古唐国（今山西临汾尧都区，古称河东地区）人。中国上古时期部落联盟首领、"五帝"之一。帝喾之子，母陈锋氏。继承父亲帝喾的帝位，并禅让于舜。

舜

（约前2277—约前2178），中国上古时代的部落领导。被后世尊为帝，"五帝"之一。相传为父系氏族社会后期部落首领。帝舜、虞舜、舜帝皆为其帝王号，故后世以"舜"简称之。

管仲

（约前723—前645），姬姓，管氏，名夷吾，字仲，谥敬，是中国古代著名的哲学家、政治家、军事家。被称为管子、管夷吾、管敬仲，著有《管子》一书。管仲在任内大兴改革，即管仲改革，富国强兵，重视商业。被誉为"法家先驱""圣人之师""华夏文明的保护者""华夏第一相"。

魏惠王

（前400—前319），后称梁惠王，姬姓，魏氏，名䓨。公元前369年即位，即位正是魏国鼎盛时期，但在以后的战争中，大败于齐国，开始衰落。在位50年。

告子

战国时思想家。曾受教墨子之门，能言善辩，他认为"生之谓性""食色，性也"，"以人性为仁义"，犹如"以杞柳为杯棬"。

CONTENTS 目录

梁惠王篇 / 1

公孙丑篇 / 26

滕文公篇 / 55

离娄篇 / 71

万章篇 / 110

告子篇 / 140

尽心篇 / 161

梁惠王篇

名师导读

孟子为了实现他所信奉的"仁政",奔波于各国之间,游说于各诸侯之中,他希望凭借自己的力量能够为天下苍生谋求和平。因为孟子要四处游说,因此也练就了他独一无二的辩术。下面就让我们一睹孟子能言巧辩的风采吧。

孟子见梁惠王

孟子见梁惠王①。王曰:"叟②!不远千里而来③,亦将有以利吾国④乎?"孟子对曰:"王,何必曰利?亦有仁义⑤而已矣!王曰何以利吾国,大夫⑥曰何以利吾家⑦,士庶人⑧曰何以利吾身;上下交征⑨利,而国危矣!万乘之国,弑其君者,必千乘之家;千乘之国,弑其君者,必百乘之家。万取千焉,千取百焉,不为不多矣!苟为后义而先利,不夺不餍。未有仁而遗其亲者也!未有义而后其君者也!王亦曰仁义而已矣,何必曰利?"

名师指津

孟子故意改变梁惠王的说法,是为了宣传儒家的仁政思想,用仁义感化梁惠王。

名师释疑

万乘(shèng)之国:古时一车四马为一乘。万乘之国指拥有万辆兵车的大国。

注释

①梁惠王:即魏惠王。名罃(yīng),惠是他的谥号。魏国本都安邑(今山西省夏县),魏惠王即位后迁都大梁(今河南省开封

县），所以又称梁惠王。

②叟：长老，老头。

③不远千里而来：意思是不以千里之长途为远而来。

④利吾国：有利于我的国家。

⑤仁义："仁"是爱心，"义"是正义。蕴之于内曰仁，发之于外曰义。"仁义"二字，是儒家"德治天下"之主要思想。

⑥大（dà）夫：古代官名。古代官制，分卿、大夫、士三级。天子诸侯都有设置。

⑦家：不是家庭之家，而是卿大夫在其封地内所设的机构。诸侯受封于天子而有国，卿、大夫食采于诸侯而有家。

⑧士庶人："士"是读书人，"庶人"即百姓。

⑨交征：交，互相；"征，取也。"上上下下互相谋取利益叫作"交征"。

名师释疑

卿：官名。古天子诸侯皆置之。分上中下三级，位在大夫之上。

名师指津

从梁惠王的这句话中可以看出孟子在当时诸侯国的影响。孟子的思想对如今的中国依然影响深远，不管是民本思想，还是德治观念均有其借鉴意义。

译文

孟子去见梁惠王，王说："老先生，你不怕千里遥远的路程来到这里，肯定有什么方法，有利于我的国家吧？"孟子答道："王何必说利呢？我看只有仁义就可以了。王如果说：'怎样可以有利于我的国？'大夫一定会说：'怎样可以有利于我的家？'士人和百姓也都要说：'怎样可以有利于我自身？'那么，到了这个时候，上上下下互相谋取利益，那国家就危险了。万乘的国家，如果有人杀他的国君，那一定是拥有千乘兵车的公卿；千乘的国家，如果有人杀他的国君，那一定是拥有百乘兵车的大夫。这些大夫在万乘之国中取得了千乘兵车，在千乘之国中取得了百乘，这样不能不算多了。如果轻义重利，那么不将别人的东西夺来是绝对不会满足的。没有人重视仁爱却抛弃他的父母，没有人重视义理却怠慢他的君主。因此，为了国家的发展，王只要谈谈仁义就可以了，何必要说利呢？"

寡人之于国也

梁惠王曰："寡人之于国也，尽心焉耳矣。河内凶，则移其民于河东，移其粟于河内；河东凶亦然。察邻国之政，无如寡人之用心者。邻国之民不加少①，寡人之民不加多，何也？"

孟子对曰："王好战，请以战喻。填然②鼓之，兵刃既接，弃甲曳兵而走③。或百步而后止，或五十步而后止。以五十步笑百步，则何如？"

曰："不可，直④不百步耳，是亦走也。"

曰："王如知此，则无望民之多于邻国也。

"不违农时，谷不可胜食也；数罟不入洿池，鱼鳖不可胜食也；斧斤以时入山林，材木不可胜用也。谷与鱼鳖不可胜食，材木不可胜用，是使民养生丧死无憾也。养生丧死无憾，王道之始也。

"五亩之宅，树之以桑，五十者可以衣帛矣。鸡豚狗彘之畜，无失其时，七十者可以食肉矣。百亩之田，勿夺其时，数口之家可以无饥矣。谨庠序之教，申之以孝悌之义，颁白者不负戴于道路矣。七十者衣帛食肉，黎民不饥不寒，然而不王者，未之有也。

"狗彘食人食而不知检，涂有饿莩而不知发。人死，则曰：'非我也，岁也。'是何异于刺人而杀之，曰：'非我也，兵也。'王无罪岁，斯天下之民至焉。"

名师指津

孟子提出发展生产的三条措施，认为生产发展，使百姓安居乐业，这是行王道的根本。

名师指津

孟子用"狗彘食人食"和"涂有饿莩"的事实深刻地揭示了当时社会的不平等。

注释

①加少：减少。

②填然：敲鼓的咚咚声。

③弃甲曳兵而走：甲，盔甲。曳，拖。走，败逃。此句形容败退情形。

④直：只是，不过。

孟子选译

译文

梁惠王说:"寡人对于国事,可以说是竭尽心力了!河内遇着荒年,就将那少壮的百姓迁到河东去;同时将河东的粮食运到河内来赈济。河东遇着荒年,也是这样做。考察邻国的政事,没有像我这样用心,但是邻国的百姓没有减少,我国的百姓也没有增多,这是什么原因呢?"

孟子答道:"王喜欢战争,现在就用战争来做个比喻。咚咚的鼓声响着,两军刚开始交战,就有人丢弃盔甲、拖着兵器逃跑。有的逃了一百步就停下,有的逃了五十步就停下。逃五十步的人就嘲笑那逃一百步的人,说他胆子小,王以为怎样?"

梁惠王说:"不可以的。只不过没有逃到一百步罢了,但也一样是逃走啊!"

孟子说:"王如果知道这个道理,就不必希望百姓比邻国多了。

"要想百姓增多,只要不耽误百姓耕种的时节,五谷自然吃不完。细密的渔网,不要放进深水池内,鱼鳖自然吃不完。斧斤必按照时令,才往山林里去砍伐,材木自然用不尽了。五谷和鱼鳖吃不完,材木用不尽,这让百姓在生养死葬方面都没有不满。能教百姓生养死葬都没有不满,这就是王道的开始啊!

"使人人有五亩的住宅,宅旁的空地栽种桑树养蚕,五十岁的老人就可穿绸帛做的衣服了。饲养鸡狗猪等家禽家畜,不要让它们错过孕育生长的时期,七十岁的老人平时就可有肉吃了。每家分配百亩的田地,不要剥夺他们耕种的时令,几口人的人家,就不会受饿了。然后好好办理各种学校,并且反复叮咛孝亲敬长的道理,那头发花白的老人就不用背着东西在路上行走了。七十岁的老人,穿绸吃肉,一般的百姓不会受冻受饿,这样还没有成王的人,以前还没有发生过。

"现在富人家的猪狗反吃人所吃的东西,还不知道节制;路旁有饿死的人,还不知道打开粮仓发放仓谷来救济;百姓饿死了,还

名师指津

此段话中孟子推行的是仁政思想中的"养民""教民"思想,即让民以时,休养生息,取民有制,向人民施以教化。

说：'不是我的罪，是年岁荒旱。'这和用刀把人杀死，却说'不是我杀的，是那把刀'又有什么不同呢？王不要归罪于年岁荒旱，那么，天下的百姓，自然都来归顺您了。"

孟子见梁襄王

孟子见梁襄王①，出，语②人曰："望之不似人君，就之而不见所畏焉。卒然问曰：'天下恶乎定？'吾对曰：'定于一③。''孰能一之？'对曰：'不嗜杀人者能一之。''孰能与之④？'对曰：'天下莫不与也。王知夫苗乎？七八月⑤之间旱，则苗槁矣。天油然⑥作云，沛然下雨，则苗浡然兴之矣。其如是，孰能御之？今夫天下之人牧，未有不嗜杀人者也。如有不嗜杀人者，则天下之民皆引领而望之矣。诚如是也，民归之，由水之就下，沛然谁能御之？'"

名师指津
孟子语言犀利尖锐，毫无讳饰遮掩之态，对梁襄王的藐视可见一斑。

注释

①梁襄王：梁惠王之子。
②语（yù）：告诉。
③定于一：统一于施仁者。
④与之：跟从。
⑤七八月：用的是周代历法，相当于现在农历的五六月。
⑥油然：云多的样子。

名师释疑
历法：是推算年、月、日，并使其与相关天象对应的方法，协调历年、历月、历日和回归年、朔望月和太阳日。主要分为阳历、阴历和阴阳历三种。

译文

孟子去见梁襄王，出来告诉别人他对梁襄王的看法："远望着他，毫无风度，不像人君的样子；就近看他，也不见有什么威严与令人敬畏的地方。他突然地问我说：'天下怎样才能安定？'我答道：'定于统一。'他又问：'谁能统一？'我答道：'不好杀人的国君，就能统一。'他问道：'谁愿意归服跟从呢？'我答道：'天下没有一个人不归服他的。王可知道初长的青苗吗？七八月的时候，久不落雨，青苗就枯萎了。等到天空浓云兴起，大雨倾盆地下起来，青苗又立刻蓬勃地活起来了。国君如果像甘霖一样，谁又能挡得住百姓归服呢？现在天下的国君，没有一个不好杀人的。假使有一个不好杀人的国君，那么天下的百姓，自然都伸着脖子来盼望他了。果真能如此，百姓归服他，就同水向低处流，其势奔腾汹涌，还有谁能阻挡得住呢？'"

名师指津

国君如甘霖，百姓如青苗。青苗需要甘霖的浇灌，百姓需要国君的恩泽。常言有道："得民心者得天下。"国君如果想让自己的国家长久，必然需要对百姓广施恩泽。

齐桓晋文之事

齐宣王①问曰："齐桓晋文之事，可得闻乎？"

孟子对曰："仲尼之徒，无道桓文之事者，是以后世无传焉。臣未之闻也。无以②，则王③乎？"

曰："德何如，则可以王矣？"

曰："保民而王，莫之能御也。"

曰："若寡人者，可以保民乎哉？"

曰："可。"

曰："何由知吾可也？"

曰："臣闻之胡齕④曰：王坐于堂上，有牵牛而过堂下者。王见之，曰：'牛何之？'对曰：'将以衅钟⑤。'王曰：'舍之！吾不忍其觳觫⑥，若无罪而就死地。'对曰：'然则废衅钟与？'曰：'何可废也？以羊易之。不识有诸？'"

曰："有之。"

曰："是心足以王矣！百姓皆以王为爱也；臣固知王之不忍

名师指津

齐宣王一见孟子，就迫不及待地问齐桓晋文称霸的事，说明他有称霸天下的野心。

名师指津

在孟子看来，得天下的关键在于施行仁政，所以孟子首先提出"保民而王"的政治主张。

也。"

王曰:"然,诚有百姓者。齐国虽褊小,吾何爱一牛?即不忍其觳觫,若无罪而就死地,故以羊易之也。"

曰:"王无异于百姓之以王为爱也。以小易大,彼恶知之?王若隐⑦其无罪而就死地,则牛羊何择⑧焉?"

王笑曰:"是诚何心哉?我非爱其财而易之以羊也。宜乎百姓之谓我爱也。"

曰:"无伤⑨也,是乃仁术也。见牛未见羊也。君子之于禽兽也,见其生,不忍见其死;闻其声,不忍食其肉。是以君子远庖厨也。"

王说⑩曰:"《诗》云:'他人有心,予忖度之。'夫子之谓也。夫我乃行之,反而求之,不得吾心。夫子言之,于我心有戚戚⑪焉。此心之所以合于王者,何也?"

曰:"有复于王者曰:'吾力足以举百钧,而不足以举一羽;明足以察秋毫之末,而不见舆薪。'则王许之乎?"

曰:"否!"

"今恩足以及禽兽,而功不至于百姓者,独何与?然则一羽之不举,为不用力焉;舆薪之不见,为不用明焉;百姓之不见保,为不用恩焉。故王之不王,不为也,非不能也。"

曰:"不为者与不能者之形何以异?"

曰:"挟太山以超北海,语人曰'我不能。'是诚不能也。为长者折枝:语人曰'我不能。'是不为也,非不能也。故王之不王,非挟太山以超北海之类也;王之不王,是折枝之类也。老吾老,以及人之老;幼吾幼,以及人之幼。天下可运于掌。《诗》云:'刑于寡妻,至于兄弟,以御于家邦。'言举斯心加诸彼而已!故推恩足以保四海,不推恩无以保妻子。古之人所以大过人者,无他焉,善推其所为而已矣。今恩足以及禽兽,而功不至于百姓者,独何与?权,然后知轻重;度,然后知长短。物皆然,心为甚。王请度之!抑王兴甲兵,危士臣,构怨于诸侯,然后快于心与?"

> **名师释疑**
> 《诗》:这里指《诗经》。《诗经》是我国第一部诗歌总集,收集了自西周初年至春秋中叶五百多年的诗歌三百零五篇。约成书于春秋时期。

> **名师指津**
> 孟子引经据典,加以正面晓喻。说明施行王道并不难,最基本的就是"推恩足以保四海",为齐宣王指明了治国的方向。

孟子选译

名师指津

孟子明知故问，"笑而不言"四个字写出了齐宣王欲霸天下而又躲躲闪闪，极尽传神之妙。

名师释疑

便嬖（bì）：君主左右亲近的大臣。

王曰："否！吾何快于是！将以求吾所大欲也。"

曰："王之所大欲，可得闻与？"

王笑而不言。

曰："为肥甘不足于口与？轻暖不足于体与？抑为采色不足视于目与？声音不足听于耳与？便嬖不足使命于前与？王之诸臣皆足以供之，而王岂为是哉？"

曰："否！吾不为是也。"

曰："然则王之所大欲可知已：欲辟土地，朝秦楚，莅中国而抚四夷也。以若所为求若所欲，犹缘木而求鱼也。"

王曰："若是其甚与？"

曰："殆有甚焉。缘木求鱼，虽不得鱼，无后灾；以若所为求若所欲，尽心力而为之，后必有灾。"

曰："可得闻与？"

曰："邹人与楚人战，则王以为孰胜？"

曰："楚人胜。"

曰："然则小固不可以敌大，寡固不可以敌众，弱固不可以敌强。海内之地，方千里者九；齐集有其一。以一服八，何以异于邹敌楚哉？盖亦反其本矣。今王发政施仁，使天下仕者皆欲立于王之朝，耕者皆欲耕于王之野，商贾皆欲藏于王之市，行旅皆欲出于王之涂，天下之欲疾其君者皆欲赴愬于王。其若是，孰能御之？"

王曰："吾惛[12]，不能进于是矣。愿夫子辅吾志，明以教我。我虽不敏，请尝试之。"

曰："无恒产而有恒心者，惟士为能。若民，则无恒产，因无恒心；苟无恒心，放辟邪侈，无不为已。及陷于罪，然后从而刑之，是罔民[13]也。焉有仁人在位，罔民而可为也？是故明君制民之产，必使仰足以事父母，俯足以畜妻子；乐岁终身饱，凶年免于死亡。然后驱而之善，故民之从之也轻。今也制民之产，仰不足以事父母，俯不足以畜妻子；乐岁终身苦，凶年不免于死亡。此惟救死而恐不赡，奚暇治礼义哉？王欲行之，则盍反其本矣：五亩之宅，树之以桑，五十者可以衣帛矣；鸡豚狗彘之畜，无失其时，七十者可以食肉矣；百亩之田，勿夺其时，八口之家，可以无饥矣；谨庠序之教，申之以孝悌之义，颁白者不负戴于道路矣。老者衣帛食肉，黎民不饥不寒，然而不王者，未之有也。"

注释

①齐宣王：齐威王之子，姓田，名辟疆。

②无以：不得已

③王：动词，称王。

④胡龁（hé）：齐宣王的近臣。

⑤衅钟：祭祀的时候，杀掉牲畜，将血涂在钟上。

⑥觳觫（hú sù）：恐惧、颤抖的样子。

⑦隐：可怜。

⑧择：分别。

⑨无伤：不妨害。

⑩说：同"悦"，高兴。

⑪戚戚：悲伤的样子。

⑫惛：通"昏"，愚昧，昏乱。

⑬罔民：网罗陷害人民。

名师释疑

祭祀：指敬神、求神和祭拜祖先。古代社会时期，人们认为人的灵魂可以离开躯体而单独存在。祭祀行为便是这一观念的体现。最初的祭祀活动比较简单与野蛮。祭祀的礼节有严格的规范。

名师指津

齐桓公、晋文公都是春秋霸主，所以问齐桓、晋文之事，等于问霸道之事，这与孟子推崇的王道不符，所以孟子转移话题谈论王道。

译文

齐宣王问道："齐桓公、晋文公的霸业，可以说给我听听吗？"

孟子说："孔子的学生，都没有说过他们的事，所以后世都没有流传，臣也从来没有听说过。王如果一定要我说，只好说一说用仁义思想来统一天下的道理吧？"

宣王说："要有怎样的德行，才可以统一天下呢？"

孟子说："保护百姓就可以了，没有人能够抵挡得住。"

宣王说："像我这样子，能够保护百姓么？"

孟子说："可以。"

宣王说："从哪里知道我可以保民呢？"

孟子说："曾听过王的臣子胡龁说：'有一天王坐在堂上，有个人牵着牛经过堂下。王见了，就问道：牛牵到什么地方去？'牵牛的答道：'将要用它来衅钟。'王说：'放掉它吧，我不忍心看它那种恐惧发抖的样子，好像没有犯罪就送它到死地。'牵牛的答道：'那么就要废弃衅钟的仪式吗？'王说：'怎么可以废呢？用羊掉换它吧。'不知道有这事吗？"

宣王说："有的。"

孟子说："这个仁心就足够统一天下了。百姓都以为王是吝啬的，臣早知道王只是不忍心呢。"

宣王说："不错，确实有百姓这样疑惑的。齐国土地虽然狭小，我又何至于吝惜一头牛？就是不忍看它那种恐惧发抖的样子，好像没有犯罪就把它送到死地去一样，所以才用羊调换它。"

孟子说："王也不必奇怪百姓疑王太吝啬，你用小羊换大牛，百姓怎么知道王是因为不忍呢？王若是可怜牛的无罪而被送到死地，那么牛和羊又有什么分别呢？"

王笑道："这真是什么心理呢？我不是吝啬牛的费用，才拿羊去换了它，照这样看，百姓说我吝啬，也是应该的。"

孟子："没有关系，这才是仁术啊，只因王见着牛没有见着羊的缘故。君子对于禽兽，见它的生，就不忍看见它的死；听它临死的哀鸣，就不忍再吃它的肉。所以君子必定离厨房远远的。"

宣王高兴地说："《诗经》上说：'别人有什么心事，我可猜测出来。'正是说的夫子您啊。我已经做了，可是追想起来，总是想不出它的道理，经您一提示，恰合我意，使我心中深有触动。究

名师指津

孟子在孔子"仁爱"思想基础上提出了"仁政"学说。"仁政"是孟子政治思想的核心，是他追求的经国治民方针，对于当今依然有着积极的意义。

竟这心如何合于王天下的道理呀？"

孟子说："有个人向王报告：'我的力气足够举起三千斤的重量，却不能拿起一根鸟毛；我的视力能见秋毫细微的末端，却看不见一大车的薪柴。'王能够相信他么？"

宣王说："当然不信。"

孟子说："现在王的恩惠，足以加到禽兽身上，可是功德却不能施及到百姓身上，这是为什么？拿不起一根鸟毛，只因他不肯用力；看不见一车薪柴，只因他不用眼力；百姓不能被王保护，只因王不肯用恩惠啊！所以王不能统一天下，只是不肯做，不是不能做。"

宣王说："不肯做和不能做的情形，有什么不同？"

孟子说："夹起泰山，跳过北海，对人说：'我不能。'这确是不能。要对尊长行个鞠躬礼，对人说：'我不能。'这是不肯做，并不是不能做。所以王之不能统一天下，不是夹起泰山跳过北海的一类；王之不能统一天下，是对尊长行个鞠躬礼的一类。王只要先尊敬自己的父兄，然后推及到尊敬别人的父兄；爱护自己的子女，然后推及到爱护别人的子女。这样平治天下，如同转运小弹丸在手掌上了。《诗经》上说：'文王先做个好榜样给妻子看，再推及到兄弟宗族间，再进到家族和邦国。'这是说把仁心推置到百姓身上罢了。所以能够推行恩德，就可保有天下；如果做不到，连妻子儿女也得不到保全。古代的圣王，所以能够大大地超过常人，没有别的，只是将他仁心推广到所做的事业上罢了。现在王的恩惠足够加到禽兽的身上，可是功德却不能施及到百姓的身上，什么原因呢？用秤锤来称，才知道物体的轻重；用丈尺来量，才知道物体的长短。所有的东西都是如此，人心更需要这样。请王细细地度量一番。也许王还想发动战争，危害将士，结怨诸侯，然后心里才痛快吧？"

宣王说："不是，我怎么会以这为痛快？不过我想要求得一个最大的愿望。"

孟子说："王的最大的愿望，可说给我听听吗？"

> **名师释疑**
>
> 鞠躬礼：鞠躬起源于中国古代。商朝有一种祭天仪式"鞠祭"，作为祭品的牲畜不切成块，而将整体弯卷成圆的鞠形，再摆到祭处奉祭，以此来表达祭祀者的恭敬与虔诚。这一习俗在某些地方一直保持至今。在现实生活中，鞠躬礼逐步演变成用来表达自己对地位崇高者或长辈的崇敬。
>
> **名师指津**
>
> 引用《诗经》上的话旨在说明要推恩于他人，推恩于百姓，才能治理国家。

孟子选译

王只笑着不肯说。

孟子说："王是为着肥美的食品不够口腹享受吗？为了轻暖的衣裘不够穿在身上吗？还是为了华丽的色彩不够眼睛观赏？为了美妙的音乐，不够耳朵听闻吗？我想这些东西，王的群臣皆能够供应了，难道真为这些吗？"

宣王说："不是，我不是为这些。"

孟子说："那么王的最大愿望就可知道了：是想开拓疆土，使秦楚来朝见您，君临天下，并且安抚四夷。可是用这样的作为追求这样的愿望，就像攀上树木去捕鱼一样了。"

宣王说："会有这样严重么？"

孟子说："恐怕要比这更严重些。攀上树木去捕鱼，虽得不到鱼，也没有跟来的灾祸；像用这样的作为追求这样的愿望，用尽心力地做下去，后患将不堪设想。"

宣王说："能具体说给我听听吗？"

孟子说："譬如邹国人和楚国人打仗，王以为哪国胜？"

宣王说："楚国人胜利。"

孟子说："小国本不可以敌那大国，少数本不可以敌那多数，形势弱的本不可以敌那形势强的。四海之内的土地，方圆千里的共有九份，齐国四面聚拢起来，只不过九份中的一份。若用一份来征服那八份，那和邹国抵抗楚国有什么分别呢？我想王还是该从王道的根本上着手。现在王如果发布善政，施行仁德，使天下做官的都想来到王的朝廷，种田的都想耕稼在王的原野里，商人都想把货物藏在王的市场上，旅客皆想出入于王的道路上，天下有怨恨他的国君，皆赶来向王诉述他们的痛苦。像这样，还有谁能阻止他们不来归服呢？"

宣王说："我很昏乱，不能达到这个地步，希望夫子助成我的志向，明白地指导我，我虽不聪敏，请让我尝试一下。"

孟子说："没有固定的产业却有恒久不变的善心，那只有士人

名师释疑

朝见：古时臣子上朝见君王。

善政：清明的政治、良好的政令等。

才能够这样。那些百姓，没有固定的产业，也就没有恒久不变的善心。如果没有恒久不变的善心，种种放荡邪僻的坏事，就没有不做的。等到犯了罪，这才跟着处罚他，这等于预设罗网陷害百姓了。那里有仁君在上位，却做预设罗网陷害百姓的事呢？所以明君制定百姓的恒产，必使他们上足够侍奉父母，下足够养活妻儿；丰年可以吃得饱，荒年也能避免死亡。然后促使他们一心向善，所以百姓听从教化便容易了。现在所制定的恒产，使他们上不足以侍奉父母，下不足以养活妻儿；丰年还要一辈子吃苦，荒年更是免不了饿死逃亡。这样，他们只求免于一死，还怕力量不够，那里有闲空研习礼义呢？王真想实行仁政，就该回复到王道的根本上去：使百姓有五亩宽大的住宅，宅旁种桑养蚕，五十岁的老人，可以穿绸衣了；鸡狗猪的畜养，不要误失它们孕育的时间，七十岁的老人，日常可以吃肉了；再配给每家百亩的田，不要剥夺他们耕种的时间，八口的家庭，就可以不受饥饿了。同时办好各级学校，反复用孝悌的道理教化人民。那么头发花白的老人，就不至背着、顶着重物在道路上奔走了。老年人穿绸吃肉，一般人不受饥寒，像这样还不能统一天下，那是从来没有的。"

名师指津
此句表现的是孟子的仁政思想中的"养民"思想，即制民之产。

名师释疑
恒产：不动产，指家庭比较固定的产业，土地、田园、房屋等。

名师指津
孟子的仁政思想是一种民本思想意识的体现，是对百姓的现实关怀。

文王之囿

齐宣王问曰："文王之囿①，方七十里，有诸？"孟子对曰："于传②有之。"曰："若是其大乎？"曰："民犹以为小也。"曰："寡人之囿，方四十里；民犹以为大，何也？"曰："文王之囿，方七十里，刍荛者③往焉，雉兔者④往焉；与民同之。民以为小，不亦宜乎！臣始至于境，问国之大禁，然后敢入。臣闻郊关之内，有囿方四十里，杀其麋鹿者，如杀人之罪。则是方四十里为阱⑤于国中。民以为大，不亦宜乎？"

名师指津
这句话体现了孟子的以民为本的政治主张。

注释

①囿：养动物的园林。
②传（zhuàn）：记载古事的典籍。
③刍荛者：割草打柴的人。
④雉兔者：打猎的人。
⑤阱：掩取猛兽的坑穴。

> **名师释疑**
> 苑囿：畜养禽兽的圈地，多指古代畜养禽兽供帝王玩乐的园林。有墙的称苑，没墙的称囿。

> **名师指津**
> 通过对比文王与齐王的不同做法，劝诫宣王要实行"与民同乐"的亲民政策，只有与民共同享用资源，拉近与百姓距离，才会得到百姓支持。

译文

齐宣王问道："周文王有方圆七十里的苑囿，是吗？"孟子答道："古书上是有这样的记载。"宣王说："那里是有这么大吗？"孟子说："百姓还认为太小呢。"宣王说："我的苑囿，周围不过四十里，百姓还以为太大，是什么缘故？"孟子说："文王的苑囿，周围七十里，砍柴割草的人都可去，打野鸡捉兔子的人，也可去，这个苑囿，是与百姓共同享有的。百姓认为太小，不是应该的吗？臣初到齐国的边界，首先要问齐国的最大禁令，然后才敢入境。当时，臣听说郊关之内，有周围四十里的苑囿，若是打死了苑囿里的麋鹿，就同犯了杀人罪一样。像这样的苑囿，岂不是等于在国中设有一个陷阱么？百姓认为太大，不也是应该的吗？"

> **名师指津**
> 大国不以大欺小，小国要和大国搞好外交关系，那么大国与小国就能和平相处。这样的策略对我们当今处理好国际关系仍有借鉴意义。

交邻国有道乎

齐宣王问曰："交邻国有道乎？" 孟子对曰："有。惟仁者为能以大事小，是故汤事葛，文王事昆夷①。惟智者为能以小事大，故大王②事獯鬻③，勾践事吴④。以大事小者，乐天者也；以小事大者，畏天者也。乐天者，保天下；畏天者，保其国。《诗》⑤云：'畏天之威，于时⁶保之。'"

王曰："大哉言矣！寡人有疾，寡人好勇。"

对曰："王请无好小勇⁷。夫抚剑疾视，曰：'彼恶敢当我哉？'此匹夫之勇，敌一人者也。王请大之！《诗》云：'王赫斯⁸怒，爰整其旅⁹，以遏徂莒⑩，以笃周祜⑪，以对于天下。'此文王之勇也。文王一怒而安天下之民。《书》曰：'天降下民，作之君，作之师，惟曰其助上帝宠之。四方有罪无罪惟我在，天下曷敢有越厥志⑫？'一人衡行⑬于天下，武王耻之。此武王之勇也。武王亦一怒而安天下之民。今王亦一怒而安天下之民，民惟恐王之不好勇也。"

注释

①昆夷：又名混夷，周朝时期西戎的国名。

②大王：大通"太"，即太王。周文王的祖父古公亶父。

③獯鬻（xūn yù）：我国古代北方的一个少数民族，也称荤粥。

④勾践事吴：越王勾践被吴王夫差打败后，力屈求和，卑事夫差，亲自为夫差当马前卒，卧薪尝胆，终于打败吴国。

⑤诗：此处指《诗经·周颂·我将》篇。

⑥于时：即于是。

⑦小勇：即血气之勇。与之对应的是大勇，即义理之勇。

⑧赫斯：赫然，非常生气的样子。

⑨爰整其旅：爰，于是。旅，军队。

⑩以遏徂莒：遏，阻止。徂，往。

⑪以笃周祜：笃，增厚。祜，福。

⑫越厥志：指叛逆抗命之事。厥，相当于"其"。

⑬一人衡行："一人"指纣。衡，通"横"，指纣横行不法。

◀ 名师释疑 ◀

卧薪尝胆：形容人刻苦自励，立志雪耻图强。

名师释疑

葛伯： 夏朝时葛国国君。夏末，商汤居亳（今河南商丘），与葛国（今河南宁陵北）相邻，商汤以葛伯不祭祖神、冤杀儿童为名，伐灭葛国。

《尚书》： 是一部多体裁文献汇编。该书分为《虞书》《夏书》《商书》《周书》。战国时期总称《书》，汉代改称《尚书》，即"上古之书"。因是儒家五经之一，故又称《书经》。

无道： 不行正道；做坏事。多指暴君或权贵者的恶行。

译文

齐宣王问道："和邻国交往有什么好方法？"孟子答道："有。只有那仁德的爱好和平的国君，才可以用自己的大国去侍奉小国，所以商汤侍奉葛伯、文王事奉昆夷。只有那英明智能高的国君，才能用自己的小国去侍奉大国，所以太王侍奉獯鬻、勾践侍奉吴国。用大国去侍奉小国，是不愿欺凌弱者而乐天道的；用小国去侍奉大国，是不肯冒犯强者而畏天命的。凡能乐天道的，可以保有天下；畏天命的，可以保有邦国。《诗经》上说：'敬畏上天的威严，于是保住这天位。'"

宣王说："先生的所说好高明啊！不过我有个毛病，我爱好武勇，恐怕不能侍奉其他国家。"

孟子说："请王不要好小勇，像那按着宝剑、怒目而视说：'那个敢抵敌我呢？'这是匹夫的勇，只能对敌一个人。请王学那大勇。《诗经》上说：'文王赫然震怒，于是整顿军队，去阻止那往犯邻境的敌人，借以增厚周家的福祚，来答谢天下百姓的期望。'这就是文王的大勇。文王一发怒，就能安定天下的百姓。《尚书》上说：'天降生百姓，替他们确立君主，又替他们降生师表。只是要这做君主、师表的协助上帝教养百姓，所以天下四方的有罪者和无罪者，都由我来负责。普天之下，何人敢超越上帝的意志呢？'所以纣王横行无道，残虐天下的百姓，武王深以为耻，这是武王的大勇。武王也一发怒，就安定了天下的百姓。现在王也像这样一发怒，就能安定天下的百姓，百姓只怕王不好武勇呢！"

人皆谓我毁明堂

齐宣王问曰："人皆谓我毁明堂①，毁诸？已②乎？"

孟子对曰："夫明堂者，王者之堂也；王欲行王政，则勿毁之矣！"

王曰："王政可得闻与？"

对曰："昔者，文王之治岐③也，耕者九一④，仕者世禄⑤，关市讥而不征⑥，泽梁无禁⑦，罪人不孥⑧。老而无妻曰鳏，老而无夫曰寡，老而无子曰独，幼而无父曰孤。此四者，天下之穷民而无告⑨者。文王发政施仁，必先斯四者。《诗》⑩云：'哿矣富人，哀此茕独！'"

王曰："善哉言乎！"

曰："王如善之，则何为不行？"

王曰："寡人有疾，寡人好货。"

对曰："昔者公刘好货。《诗》⑪云：'乃积乃仓，乃裹糇粮，于橐于囊，思戢用光。弓矢斯张，干戈戚扬，爰方启行。'故居者有积仓，行者有裹囊也，然后可以爰方启行。王如好货，与百姓同之，于王何有？"

王曰："寡人有疾，寡人好色。"

对曰："昔者太王好色，爱厥妃。《诗》⑫云：'古公亶父，来朝走马，率西水浒，至于岐下。爰及姜女，聿来胥宇。'当是时也，内无怨女，外无旷夫。王如好色，与百姓同之，于王何有？"

名师指津

孟子善于言辞，循循善诱，从齐宣王询问毁不毁明堂的问题谈起，很快地切入到对王政的阐述。

名师释疑

公刘：周的始祖，后稷的曾孙。

来朝走马：朝，早。走马，跃马疾驰。

旷夫：成年而未娶妻的男子。

注释

①明堂：迎接天子巡狩的殿堂。

②已：停止。

③岐：即岐周，在今陕西岐山县东北。

17

> **名师释疑**
>
> 井田制：我国奴隶社会时期的土地制度。奴隶主为计算自己封地的大小和监督奴隶劳动，将土地划分为许多方块，因为像"井"字，所以称作井田。

④耕者九一：指井田制而言。

⑤仕者世禄：做官的子孙世代食其采地。采地，古代的封邑。

⑥关市讥而不征：严格检查但不收税。讥，严格检查。征，收税。

⑦泽梁无禁：泽，水汇聚的地方。梁，在流水中为捕鱼设的工具。无禁，不设禁令，与民同利。

⑧不孥（nú）：犯罪不牵连到自己的妻儿。孥，妻子儿女。

⑨无告：无处申诉苦痛。

⑩《诗》：此处指《诗经·小雅·正月》篇。

⑪《诗》：此处指《诗经·大雅·公刘》篇。

⑫《诗》：此处指《诗经·大雅·绵》篇。

译文

齐宣王问道："人们都建议要我拆去明堂，是拆呢？还是不拆呢？"

孟子答道："这个明堂，是原来天子东巡狩猎时接见诸侯的厅堂，王如果要施行王政，那就不必拆它。"

宣王说："王政可说给我听听吗？"

孟子答道："从前文王治理岐邑，施行井田制度，只取农民九分之一的田赋，做官的，子孙世代可继承俸禄；主管关卡和市场的官吏，只查察匪类，却不收他捐税，那蓄水养鱼，和设置鱼梁捕鱼，都不禁止；犯罪的人，只处罚自身，不连累妻子。年老没有妻子，叫作鳏，年老没有丈夫的，叫作寡，年老没有儿子的，叫作独，年幼没有父亲，叫作孤。这四种人，都是天下最穷困的百姓，没有地方可诉苦的。所以文王发布政令，施行仁政，必定先注意这四种人。《诗经》上说：'有钱的人过得很好，最可怜的，还是这些孤独无依的人。'"

宣王说："说得好！"

孟子说："王如果真认为我的话有道理，为什么不去实行呢？"

宣王说："我有个毛病，我喜欢货财。"

孟子答道："从前公刘也喜欢货财，《诗经》说：'把米谷储藏在仓库里，装不完的就堆积在露天里。把干粮包在橐囊里，一心要把百姓安顿好，借来光大他的创造基业。大家都把箭张在弓弦上，并拿着干、戈、戚、扬各种武器，于是开路向豳地进发。'所以留居的，有露天堆集的稻禾，充实储满的仓谷，出行的也都有橐囊装的干粮，然后才可以开路向豳地进发。王如喜欢财货，也和公刘一样能与百姓同好，做到王天下，有什么困难呢？"

宣王说："我还有个毛病，我喜好女色。"

孟子答道："从前周太王也喜欢女色，爱他的妃子。《诗经》上说：'太王古公亶父想避开北狄的侵扰，大清早就驰马疾行，沿着西河的边界，一直到岐山脚下。于是和妃子姜氏下马，察行可住的地方。'在这个时候，既没有不嫁的怨女，也没有不娶的旷夫。王如果好色，也学太王使百姓都能及时婚娶，对于王天下，又有什么困难呢？"

孟子见齐宣王

孟子见齐宣王曰："所谓故国者，非谓有乔木之谓也，有世臣①之谓也。王无亲臣②矣！昔者所进，今日不知其亡也。"

王曰："吾何以识其不才而舍之？"

曰："国君进贤，如不得已，将使卑逾尊，疏逾戚。可不慎与？左右皆曰贤，未可也；诸大夫皆曰贤，未可也；国人皆曰贤，然后察之；见贤焉，然后用之。左右皆曰不可，勿听；诸大夫皆曰不可，勿听；国人皆曰不可，然后察之；见不可焉，然后去之。左右皆曰可杀，勿听；诸大夫皆曰可杀，勿听；国人皆曰可杀，然后察

名师指津

孟子关于文王仁政的阐述，齐宣王表面上赞同，心里却对孟子借文王来讽刺自己感到不满，所以当孟子接着问他为什么不学文王的时候，他以"好货""好色"为托词不接受。

之；见可杀焉，然后杀之。故曰国人杀之也。如此，然后可以为民父母。"

注释

①世臣：有累世功勋的臣子。
②亲臣：君主所亲信的大臣。

译文

孟子见齐宣王，说："所称历史悠久的国家，不是说它有高大的林木，是说它有累世功勋的大臣。现在王不但没有这种大臣，连亲信之臣也没有；过去任用的人，现在不知道他们哪里去了。"

宣王说："我怎样能知道哪些人没才干而舍弃他们呢？"

孟子说："国君引用贤人，如果万不得已，将使位卑的超过位尊的，关系疏远的超过亲近的；怎么能不慎重呢？假如左右近臣都说他贤，真不可便信；就是朝廷全体的大夫都说他贤，也是不可信；必待全国的人都说他贤，然后再亲自考察，看他确是贤能，这才任用他。又如左右近臣都说他不能用，不可便信；就是朝廷全体的大夫都说他不能用，也不可相信；必待全国的人都说他不能用，然后再亲自考察，看他真是不可用，这才罢免他。至于用刑，更是要如此谨慎。假如左右近臣都说他该杀，不可便信；就是朝廷全体的大夫都说他该杀，也不可相信；必待全国的人都说他罪不可赦，然后再亲自考察，看他确是死罪，这才杀他。所以说，是全国的人杀掉他的。这样做，然后才能做人民的父母。"

名师指津

孟子认为一国之君要辨识没有才干的臣子并罢免他们，不能仅仅听身边之人和诸大夫的意见，还要倾听百姓的声音。

邹与鲁哄

邹与鲁哄①。穆公②问曰:"吾有司③死者三十三人,而民莫之死也。诛之,则不可胜诛;不诛,则疾视④其长上⑤之死而不救。如之何则可也?"

孟子对曰:"凶年饥岁,君之民老弱转乎沟壑⑥,壮者散而之四方者,几千人矣。而君之仓廪⑦实,府库⑧充,有司莫以告,是上慢而残下也。曾子曰:'戒之戒之!出乎尔者,反乎尔者也。'夫民今而后得反之也。君无尤焉!君行仁政,斯民亲其上,死其长矣。"

名师释疑

邹:国名,战国时鲁穆公改号为邹。辖地为今山东省邹县。

鲁:国名,都城在曲阜。略有今山东省东南部及江苏安徽北部一带地。

注释

①哄(hòng):交战。
②穆公:邹国君主,孟子最初侍奉的君主。
③有司:有关官吏。
④疾视:瞠目怒视。
⑤长上:指军帅。
⑥转乎沟壑:转,迁移。沟壑,田中沟,山中涧。
⑦仓廪:粮仓。
⑧府库:府,藏财物的地方。库,藏兵甲武器的地方。

译文

邹国和鲁国发生战争,邹国打败了。邹穆公问孟子道:"我的将士在前方作战死的,有三十三人之多,而百姓没有一个为国家效死的。如要杀他们,不能杀尽;如不杀,他们都眼睁睁地看长官战死而没有去救,这该怎么办?"

孟子答道:"平时凶荒饥馑的年岁,老弱的倒毙在田沟间和山

> **名师释疑**

流离颠沛：由于灾荒或战乱而流转离散。形容四处流浪，生活艰难。

涧中，强壮的<u>流离颠沛</u>在四方，总共有几千人了。但是君王您的仓廪盈满，府库充实，官吏们没有把灾情向上呈报，设法救济，这便是他们对上疏忽了责任，对下残害了百姓。所以曾子说：'警惕啊！警惕啊！现在你们做的恶事，将来一定还报在你们自身。'那些百姓，现在才算得到机会来报复，您也不要责怪他们。如果君能施行仁政，那些百姓必会自动地亲近君上，拼命地替长官效忠了。"

鲁平章句

鲁平公①将出，嬖人②臧仓者请③曰："他日君出，则必命④有司所之；今乘舆已驾矣，有司未知所之。敢请。"

公曰："将见孟子。"

曰："何哉？君所为轻身以先于匹夫者，以为贤乎？礼义由贤者出，而孟子之后丧逾前丧⑤。君无见焉！"

公曰："诺。"

乐正子⑥入见曰："君奚为不见孟轲也？"

曰："或告寡人曰'孟子之后丧逾前丧'，是以不往见也。"

曰："何哉，君所谓逾者？前以士，后以大夫；前以三鼎，而后以五鼎与？"

曰："否，谓棺椁衣衾之美也。"

曰："非所谓逾也，贫富不同也。"

乐正子见孟子，曰："克告于君，君为来见也。嬖人有臧仓者沮君，君是以不果来也。"

曰："行，或使之；止，或尼⑦之。行止，非人所能也。吾之不遇鲁侯，天也。臧氏之子，焉能使予不遇哉？"

注释

①鲁平公：鲁君。名叔，一名旅，谥平。

②嬖（bì）人：宠幸小臣。

③请：问。

④命：告诉。

⑤后丧逾前丧：孟子先丧父，后丧母。逾，超过。意思是其厚葬母亲而薄葬父亲。

⑥乐正子：姓乐正，名克。孟子的弟子，鲁臣。

⑦尼：阻止。

名师释疑

厚葬：不惜财力地经营丧葬。《论语·先进》："颜渊死，门人欲厚葬之。"与"薄葬"相对。

棺椁：棺和椁，泛指棺材。椁，外棺。

译文

鲁平公将要出宫，有个宠幸的小臣叫臧仓，问道："您向来要出宫，就告诉执事的人要去哪里，今天车子已经驾好，执事的人还不知道到什么地方，请问您究竟去哪里？"

平公说："我要去拜访孟子。"

臧仓说："为什么您要这样自轻身份，先去看那个平民？是认为他是贤德的人吗？礼义本是从贤人做出来的，可是孟子后来办母亲的丧礼的奢华程度竟超过从前办父亲的丧礼。这样厚母薄父，是很不懂礼义的。您还是不要见他了吧？"

平公说："那好吧。"

乐正子觐见平公，说："君为什么不去看孟子呢？"

平公说："有个人告诉我道'孟子办理母丧超过以前的父丧，所以才不去看他。"

乐正子说："您所说的超过是什么呢？是指他前用士的丧礼葬父，后用大夫的丧礼葬母；以前祭祀用三鼎，后来用五鼎吗？"

平公说："不是的，是说孟子后来用棺椁衣衾的丰美。"

23

乐正子说:"这哪能算是超过呢?这是因为前后的贫富情形不同啊。"

乐正子又来见孟子,说道:"我将老师您的贤德告诉了君主,君主本来要拜访夫子。忽然有个宠幸的小臣臧仓来阻止,君因此临时变卦不来了。"

孟子说:"人的行止,有人自然可以暗中指使或阻止,但是道的行止不是人力所能左右的。我今天不得遇合鲁侯,正是天意,姓仓的这个人怎能让我和鲁侯不遇呢?"

名师赏析

本篇重点讲了孟子推行的仁政思想,孟子希望君主能够法先王"尧舜之道"。实行仁政的关键是什么呢?即君主要有一颗仁人之心,"仁,人心也"。本书的开篇便言:"孟子见梁惠王。王曰:'叟!不远千里而来,亦将有以利吾国乎?'孟子对曰:'王,何必曰利?亦有仁义而已矣!'"孟子认为的利国之道便是"仁义",只有仁政的王道才能使百信心悦诚服于君。但孟子向诸位君主推行仁政的思想,在那个群雄争霸的时代,却总是难以实行,依然"涂有饿莩",可见能够真正体会仁政思想的君主鲜有于世。

学习借鉴

好词

万乘之国 善政 苑囿 卧薪尝胆 颠沛流离

好句

* 狗彘食人食而不知检，涂有饿莩而不知发。

* 万乘之国，弑其君者，必千乘之家；千乘之国，弑其君者，必百乘之家。

思考与练习

1. "鳏""寡""孤""独"分别指的是哪一类人群？

2. 历史上，你最喜欢的是哪一位君主呢？请结合孟子的仁政思想说明你喜欢的理由。

公孙丑篇

名师导读

本篇涉及管仲、晏子、曾子、孔子、告子、大舜、周公、商汤等众多著名历史人物，以及汤武革命、汉宣帝废立太子等纷繁的历史事件。每一小节都非常精彩，那还等什么，就让我们开始美妙的精神之旅吧。

夫子当路于齐

公孙丑[1]问曰："夫子当路[2]于齐，管仲[3]晏子[4]之功，可复许[5]乎？"

孟子曰："子诚齐人也，知管仲、晏子而已矣。或问乎曾西[6]曰：'吾子与子路孰贤？'曾西蹴然[7]曰：'吾先子[8]之所畏[9]也。'曰：'然则吾子与管仲孰贤？'曾西艴然[10]不悦，曰：'尔何曾比予于管仲？管仲得君，如彼其专也；行乎国政，如彼其久也；功烈，如彼其卑也。尔何曾比予于是？'"曰："管仲，曾西之所不为也，而子为我愿之乎？"

曰："管仲以其君霸，晏子以其君显，管仲、晏子犹不足为与？"

曰："以齐王，由反手也。"

曰："若是，则弟子之惑滋甚。且以文王之德，百年而后崩，犹未洽于天下。武王、周公继之，然后大行。今言王若易然，则文王不足法与？"

曰："文王何可当也？由汤至于武丁，贤圣之君六七作，天下归殷久矣。久则难变也。武丁朝诸侯，有天下，犹运之掌也。纣之去武丁未久也，其故家遗俗，流风善政，犹有存者。又有微子、微仲、王子比干、箕子、胶鬲——皆贤人也——相与辅相之，故久而后失之也。尺地莫非其有也，一民莫非其臣也。然而文王犹方百里起，是以难也。齐人有言曰：'虽有智慧，不如乘势，虽有镃基，不如待时。'今时则易然也：夏后、殷、周之盛，地未有过千里者也，而齐有其地矣；鸡鸣狗吠相闻，而达乎四境，而齐有其民矣。地不改辟矣，民不改聚矣，行仁政而王，莫之能御也。且王者之不作，未有疏于此时者也；民之憔悴于虐政，未有甚于此时者也。饥者易为食，渴者易为饮。孔子曰：'德之流行，速于置邮而传命。'当今之时，万乘之国行仁政，民之悦之，犹解倒悬也。故事半古之人，功必倍之，惟此时为然。"

> **名师释疑**
>
> 武丁（？—前1192）：姓子，名昭，是商朝的国王，庙号高宗。武丁在位期间，曾攻打鬼方族，并任用贤臣傅说为相，妻子妇好为将军，商朝再度强盛，这一期间史称"武丁中兴"。

注释

①公孙丑：姓公孙，名丑，孟子弟子。齐人。

②当路：当政，当权。

③管仲：齐国大夫，名夷吾，辅佐桓公，使齐国称霸诸侯。

④晏子：见《梁惠王篇》。

⑤许：期许。

⑥曾西：曾子的孙子。

⑦蹙然：不安的样子。

⑧先子：指曾子。

⑨畏：敬畏。

⑩艴（fú）然：生气的样子。

译文

公孙丑问孟子道："如果夫子掌握了齐国大权，像管仲、晏子的功业，可以期望能做到吗？"

孟子说："你真是齐国的人，只晓得管仲、晏子罢了。曾经有个人问曾西道：'您和子路哪个贤德呢？'曾西很不安地说：'他是我父亲所敬畏的。'那人又问：'那么您和管仲哪个贤德呢？'曾西马上变得很生气地说：'怎么把我和管仲比呢？管仲得到君主的宠信，是那样的专一；推行政事，是那样的长久；功业表现，却是那样的卑下。怎么将我和比他呢？'管仲这种人，就是曾西都不屑于与他相比，你认为我愿意和他比吗？"

公孙丑说："管仲助他的君主达成霸业，晏子助他的君主显扬名声，难道管仲、晏子的功业，还不值得夫子做吗？"

孟子说："以齐国来统一天下，易如反掌。"

公孙丑说："像这样说来，让弟子更加迷惑了。况且像文王的德行，在位将近百年直到去世，他的教化，还没有普及到天下；等到武王、周公继续推行，然后教化才大行。现在夫子说，统一天下这样的容易，那么文王也不值得效法么？"

孟子说："文王怎么可以比得上呢？当初商朝从汤起，传到殷高宗武丁，中间贤明的国君，前后有六七个兴盛起来，天下民心归服殷已经很长久了，但是长久之后，人心就很难改变。所以武丁<u>朝会</u>诸侯，中兴大业，如同弹丸转运于手掌上一样。商纣距离武丁还不很长久，前代的世家和遗留的风俗、流传的教化和仁慈的惠政，还都存在着。又有王子比干、箕子、胶鬲等，都是最贤德的人，共同来辅助他。所以纣王虽是暴虐，经过很久才失掉天下。那时没有一尺土地，不是纣所拥有的；没有一个百姓，不是臣服纣王的。然而文王还是从百里的土地施行仁政而兴盛起来，所以是很困难的。齐国有句谚语：'虽有智能，不如把握当前的好机会；虽有农具，

名师释疑

朝会：古时称臣见君为朝，君见臣为会。

不如等待耕耘的时节。'现在的形势是很容易做的：若谈到夏、商、周三代最盛的时候，王畿也没有超过一千方里的。现在齐国已有这样大的地方，鸡鸣犬吠的声音，可以相互听见，并且达及四境。齐国又有这样多的百姓，土地不必再开辟，百姓不必再聚集，利用这好机会，施行仁政，来统一天下，谁也阻止不住的。从武王到现在已有七百年，统一天下的人，不见兴起，从来没有比这时期更长久的。百姓受暴政压迫之苦，也没有比这时期更厉害的。饿极的人，什么都容易吃得饱；渴极的人，什么都容易喝得够。孔子曾说：'德政流行，比驿马传达命令还要快。'在现在这个时候，假如万乘的大国能施行仁政，百姓的高兴，就同解除他们被倒悬的痛苦一样。所以今天能做的事，只要做到古人的一半，它的功效必加倍于古人，独有这个时候是如此的。"

夫子加齐之卿相

公孙丑问曰："夫子加①齐之卿相，得行道焉，虽由此霸王，不异②矣。如此，则动心否乎？"

孟子曰："否！我四十不动心③。"

曰："若是，则夫子过孟贲④远矣！"

曰："是不难。告子⑤先我不动心。"

曰："不动心有道乎？"

曰："有。北宫黝⑥之养勇也：不肤挠⑦，不目逃⑧，思以一豪挫于⑨人，若挞之于市朝⑩；不受于褐宽博，亦不受于万乘之君；视刺万乘之君，若刺褐夫；无严诸侯，恶声至，必反之。孟施舍之所养勇也，曰：'视不胜犹胜⑪也。量敌而后进，虑胜而后会，是畏三军者也。舍岂能为必胜哉？能无惧而已矣。'孟施舍似曾子，北宫黝似子夏。夫二子之勇，未知其孰贤，然而孟施舍守约⑫也。昔者，

名师释疑

褐宽博：指卑贱的劳动者。褐，粗布，即毛布；宽博，即宽大的衣服。

曾子谓子襄曰：'子好勇乎？吾尝闻大勇于夫子矣：自反而不缩，虽褐宽博，吾不惴焉；自反而缩，虽千万人，吾往矣。'孟施舍之守气，又不如曾子之守约也。"

曰："敢问夫子之不动心，与告子之不动心，可得闻与？"

"告子曰：'不得于言，勿求于心；不得于心，勿求于气。'不得于心，勿求于气，可；不得于言，勿求于心，不可。夫志，气之帅也；气，体之充也。夫志，至焉；气，次焉。故曰：'持其志，无暴其气。'"

"既曰：'志至焉，气次焉。'又曰'持其志，无暴其气'者，何也？"

曰："志壹则动气，气壹则动志也。今夫蹶者、趋者，是气也，而反动其心。"

"敢问夫子恶乎长？"

曰："我知言，我善养吾浩然之气。"

"敢问何谓浩然之气？"

曰："难言也。其为气也，至大至刚，以直养而无害，则塞于天地之间。其为气也，配义与道，无是，馁也。是集义所生者，非义袭而取之也。行有不慊于心，则馁矣。我故曰：告子未尝知义，以其外之也。必有事焉，而勿正，心勿忘，勿助长也。无若宋人然：宋人有闵其苗之不长而揠之者，芒芒然归，谓其人曰：'今日病矣！予助苗长矣。'其子趋而往视之，苗则槁矣。天下之不助苗长者寡矣。以为无益而舍之者，不耘苗者也；助之长者，揠苗者也——非徒无益，而又害之。"

"何谓知言？"

曰："诐辞知其所蔽，淫辞知其所陷，邪辞知其所离，遁辞知其所穷。生于其心，害于其政；发于其政，害于其事。圣人复起，必从吾言矣。"

"宰我、子贡，善为说辞；冉牛、闵子、颜渊，善言德行。孔

名师释疑

宰我：字子我，亦称宰予，春秋末鲁国人，孔子著名弟子，"孔门十哲"之一。曾从孔子周游列国。

子兼之，曰：'我于辞命，则不能也。'然则夫子既圣矣乎？"

曰："恶！是何言也？昔者子贡问于孔子曰：'夫子圣矣乎？'孔子曰：'圣则吾不能，我学不厌而教不倦也。'子贡曰：'学不厌，智也；教不倦，仁也。仁且智，夫子既圣矣。'夫圣，孔子不居。是何言也？"

"昔者窃闻之：子夏、子游、子张，皆有圣人之一体；冉牛、闵子、颜渊，则具体而微。敢问所安？"

曰："姑舍是。"

曰："伯夷、伊尹何如？"

曰："不同道。非其君不事，非其民不使，治则进，乱则退，伯夷也。何事非君，何使非民，治亦进，乱亦进，伊尹也。可以仕则仕，可以止则止，可以久则久，可以速则速，孔子也。皆古圣人也，吾未能有行焉。乃所愿，则学孔子也。"

"伯夷、伊尹与孔子若是班乎？"

曰："否。自有生民以来，未有孔子也。"

曰："然则有同与？"

曰："有。得百里之地而君之，皆能以朝诸侯，有天下；行一不义，杀一不辜，而得天下，皆不为也。是则同。"

曰："敢问其所以异？"

曰："宰我、子贡、有若，智足以知圣人，污不至阿其所好。宰我曰：'以予观于夫子，贤于尧、舜远矣。'子贡曰：'见其礼而知其政，闻其乐而知其德，由百世之后，等百世之王，莫之能违也。自生民以来，未有夫子也。'有若曰：'岂惟民哉？麒麟之于走兽，凤凰之于飞鸟，太山之于丘垤，河海之于行潦⑬，类也。圣人之于民，亦类也。出于其类，拔乎其萃，自生民以来，未有盛于孔子也。'"

名师释疑

伊尹：姓伊，一说名挚，小名阿衡。被尊为元圣（兵家）。商朝初期著名政治家、思想家。也是中华厨祖，中原菜系的创始人。

注释

①加：居，处于。

②异：奇怪。

③不动心：心志坚定，不受外物干扰。

④孟贲：卫人，勇士，力大无穷。水行不避蛟龙，陆行不避兕虎。

⑤告子：与孟子同时的学者，倡导"性无善无不善"学说。

⑥北宫黝：齐人，姓北宫，名黝。

⑦挠：退却，弯曲。

⑧目逃：目被刺而转睛逃避。

⑨于：对。

⑩市朝：通常解释为市场与朝廷。即公共聚集的场所。

⑪视不胜犹胜也：意思是勇往直前，不计胜败。

⑫守约：守气。

⑬行潦（lǎo）：雨水积水。

译文

公孙丑问孟子道："假如老师做到齐国的卿相，能够推行大道，即使从此称霸诸侯，称王天下，也不算什么稀奇。到了这样，是否会动心呢？"

孟子说："不会，我四十岁以后就不动心了。"

公孙丑说："如果这样，那么夫子远胜过孟贲了。"

孟子说："这个并不难。告子比我还先不动心了。"

公孙丑说："要不动心，有什么方法吗？"

孟子说："有。就像北宫黝培养勇气：肌肤如果被刺，是不会退却的；眼睛被刺，是不会逃避的。他在想，就是一根毫毛受了挫辱，也像被人在公共场所鞭挞一样。他既不受辱于穿布衣的贫民，也不受辱于万乘的国君，认为杀死一个万乘的国君，就像杀死一个穿布衣的平民一样。他从来不怕那些诸侯，如有斥骂他的声音，他必定会反击。至于孟施舍培养勇气，他说：'打起仗来，认为不可胜的敌人就像能打胜的一样，勇往直前，决不计算。倘若计算敌人力量才进击，考虑胜利才有交战，这是怕敌人的强大军力，那么孟施舍哪里能必胜呢？只是胆壮不怕罢了。'孟施舍的气象，很像曾子的反身求己；北宫黝的气象，很像子夏的笃守圣道。这两个人的勇气，不知哪个好些，可是孟施舍是把握住培养勇气的要领了。从前曾子告诉子襄说：'你好勇吗？我曾听过孔子谈论大勇，自己反省，要是我的理屈，对方虽是穿宽大布衣的平民，我怎能不害怕呢？自己反省，要是我的理直，对方就是千万人，我也要去抵抗。'孟施舍培养勇气的要领，又不如曾子所守的义理，更为简要了。"

公孙丑说："请问夫子的不动心，和告子的不动心，有什么不同？可以讲给我听听吗？"

孟子说："告子曾说过：'所言于理有未通的地方，不要再用心去思想，所行于心有不安的地方，不要再求气来帮助。'所行于心有不安的地方，不再求气来帮助，这还可以；所言于理有未通的地方，不再用心去思索，这是不可以。因为心的趋向就是志，志是气的统帅；气是志的卒徒，并且充满在人的体内。这志朝向哪里，气就跟随到哪里，所以说：'要把握志。同时不要扰乱了气。'"

公孙丑说："既然说'志朝哪里，真气就跟随到哪里。'何必又说'要把握志，同时不要扰乱了气'呢？"

孟子说："因为志专一时，气必随它走动；但在气专一时，也会影响到志。如同一个人，或是跌倒的，或是跑快的，都是气的作用，但是反而震荡了他的心志。"

公孙丑问："请问夫子不动心有何特长？"

孟子说："我善于分析言辞，我善培养浩然之气。"

公孙丑说："请问什么叫作浩然之气？"

孟子说："这是很难说的。这种气，是极大的，也是极刚的，要用直道培养它，不加以伤害，就可充塞于天地之间。这种气，是配合正气与大道的，没有这种气，便胆怯了。这是平时集聚正义所产生的，并不是从外面取一两件时事偶然合于义。若是行为不能满足于内心时，就胆怯了。所以我说告子还不知道什么是义，因为他认为义是在外的。必定要有集义的事，不可忘记；虽是不可忘记，也不可助长它。不要像宋国人的样子：宋国有一个农夫，担忧他的秧苗不长大，就去田间把苗全拔高些，然后疲困地回到家里，告诉他家人说：'今天我累死了！我帮助秧苗长大了！'他的儿子连忙跑去田里一看，那秧苗已经枯萎了。现在天下的人，不助苗长的很少。认为养气没有益处，便抛弃不管它，就像不去除草而养秧苗的；晓得养气有益处，却去助长，就像那拔起秧苗似的——不但没有益处，反而妨害了它。"

公孙丑说："什么叫作善于分析言辞？"

孟子说："听那偏曲的话，知他是被私念所遮蔽；听那放荡的话，知他内心有了陷溺；听那邪僻的话，知他违反了正道；听那躲闪的话，知他是穷于应对。拿治理天下的人来说，这四种病生在他的心里，就必定危害到政治，既在政治上表现，就危害到各种行事。便是圣人复生，也必定认为我所说的是对的。"

公孙丑说："孔门弟子，像宰我、子贡，是会说话的；冉牛、闵子、颜渊，是很有德行的。孔子兼有这两种长处，但孔子却谦虚地说：'我对于言辞是不擅长的。'现在老师您既能养气，又能分析言辞，已经是圣人了吧？"

孟子说："哦，这是什么话！从前子贡问孔子说：'夫子是圣人了吧？'孔子说：'圣人我是不能够做到的；不过，我学习是不会满足的，教学是不会厌倦的。'子贡说：'学习没有满足，就是智；教学不厌倦，就是仁。既仁且智，夫子已是圣人了。'这圣人的名，孔子尚且不敢当，你说我是圣人，这是什么话呢？"

名师指津
违反事物发展的正常规律，其结果往往是毁灭性的。

名师释疑
陷溺：比喻深深陷入错误的泥淖而无法自拔。

公孙丑篇

公孙丑说:"我曾私下听人说,子夏、子游、子张,三人的学问道德,都有圣人的一部分;冉牛、闵子、颜渊,已备有圣人的全体,不过稍为微小些。请问夫子愿意和哪一个比较才安心呢?"

孟子说:"暂且丢开这话不谈吧。"

公孙丑说:"伯夷、伊尹怎么样?"

孟子说:"他二人和我走的路子不同。不是他喜欢的国君决不事奉,不是他喜欢的百姓决不驱使;天下太平,就出来做官;天下混乱,就退隐家居。这是伯夷的作风。没有什么不可侍奉的国君,没有什么不可使用的百姓;天下太平,固然出来做官;天下混乱,也要出来做官。这是伊尹的作风。可以做官就做官,可以隐居就隐居;可以久留就久留,可以远去就速去。这是孔子的风格。这三个人,都是古圣人,我都未能学习到,可是我心里所向往的,倒是愿学孔子呢。"

公孙丑说:"伯夷、伊尹和孔子的至圣,都是相等吗?"

孟子说:"不是。自有人类历史以来,没有一个像孔子这样伟大。"

公孙丑说:"那么他们有相同地方吗?"

孟子说:"有的。假使得到百里的土地,让他们做国君,都可以朝服诸侯,统一天下。假使要他们做一件不义的事,杀一个无罪的人,就是得到天下,他们都不愿意做的。这是他们相同的地方。"

公孙丑说:"请问他们不同的地方在哪里?"

孟子说:"像宰我、子贡、有若这三个人,他们识见都高,足够了解圣人,即使夸大一些,也不至于怀着私心,阿附他们所尊敬的人。宰我说:'据我所看的夫子。远胜过尧舜呢。'子贡说:'夫子见了先王创作的典礼,就知道他们所推行的政事;听了先王制定的乐章,就知道他们所遗存的道德;从百代以后,评论百代以前的君王,没有人能够逃避他的观察。自有人类历史以来,没有比夫子更伟大的人了。'有若说:'岂止是人类呢?麒麟对于一般走兽,凤凰对于一般飞鸟，泰山对于矮小的丘垤，河海对于无源的流潦，都是同类的，圣人对于世间的众人，也是同类。不过，超出了他的同类，特拔挺起于群生之中，自有人类历史以来，没有比夫子更伟大的了。'"

以力假仁者霸

孟子曰："以力假仁者霸，霸必有大国；以德行仁者王，王不待大。汤以七十里，文王以百里。以力服人者，非心服也，力不赡①也；以德服人者，中心悦而诚服也，如七十子之服孔子也。《诗》②云：'自西自东，自南自北，无思③不服。'此之谓也。"

注释

①赡：足够。
②《诗》：此处指《诗经·大雅·文王有声》篇。
③思：句中语助词，无实在意义。

译文

孟子说："用武力来假借仁的名义，去实行侵略，叫作称霸，称霸必须依靠大国的雄厚实力；用恩德来推行仁政，叫作统一天下，统一天下的不一定非要是大国。所以商汤只有七十里的地方，就可以统一天下；文王只有百里的地方，就可以统一天下。用武力来征服人，人绝不真心归服，只是因为力量不够；用道德来感化人，才使人心悦诚服，像七十二子之佩服孔子一样。《诗经》上说：'从东西南北四方来的百姓，没有一个不心服的。'就是这个意思。"

名师指津
孟子主张不能仅用武力征伐，因为用暴力手段只能让老百姓表面上服从；他提倡施仁义，只有施仁义才能使老百姓心服。

名师指津
孟子推行"王道主义"，就是要学习古代贤王的做法，崇尚德治，"以德服人"，使人"中心悦而诚服也"。

仁则荣

孟子曰："仁则荣，不仁则辱。今恶辱而居不仁，是犹恶湿而居下①也。如恶之，莫如贵德而尊士，贤者在位，能②者在职；国家闲暇③，及是时，明其政刑。虽大国必畏之矣。《诗》④云：'迨⑤天之未阴雨，彻彼桑土⑥，绸缪牖户。今此下民，或敢侮予？'孔子曰：'为此诗者，其知道乎！能治其国家，谁敢侮之？'今国家闲暇，及是时，般乐怠敖，是自求祸也。祸福无不自己求之者。《诗》⑦云：'永言配命，自求多福。'《太甲》曰：'天作孽，犹可违；自作孽，不可活。'此之谓也。"

> **名师释疑**
> 般(pán)乐怠敖：追求享乐，懒怠游玩。般，乐。

注释

①居下：处卑下近水的地方。
②能：有才之人。
③闲暇：指国家没有忧患的时候。
④《诗》：此处指《诗经·豳风·鸱鸮》篇。
⑤迨：等到。
⑥彻彼桑土：彻，通"撤"，取、剥。桑土，桑树根的皮。
⑦《诗》：此处指《诗经·大雅·文王》篇。

译文

孟子说："人君如果能行仁政，自然得到光荣；不能行仁政，便受耻辱。今天的人君，虽然也厌恶耻辱，然而却居心不仁。如同厌恶潮湿，而反住到低洼的地方。如果真是怕受耻辱，不如重视道德，尊敬贤能之士，使贤德的人居高位，能干的人任要职；趁着国家没有忧患的时候，修明政刑。即使是大国，也必定会畏惧他。《诗

> **名师指津**
> 一个国家要免除内忧外患，就必须实施仁政，尊重人才。尤其要居安思危，防患于未然。

经》上说：'乘着天还没有下雨时，剥取那桑树根的皮，缠结修补了窝巢，今后在这窝底下的人，谁敢来欺侮我？'孔子读这诗说：'做这诗的人，他已知防患未然的道理啊！能及早治理好国家，还有谁敢欺侮他？'现在的人君，正是逢着国家平安无事的时候，就大大地享乐起来，荒惰遨游，不理政事，这不是自己求祸吗？要知道祸福没有不是自己求来的。《诗经》上说：'永远配合着天理，自己就能求得幸福。'《尚书·太甲》篇说：'天降下的灾祸，还可以逃避；自己造成的罪恶，那就不能活命了。'就是这个说法。"

> **名师释疑**
>
> 遨游（áo yóu）：漫游，游历。

尊贤使能

孟子曰："尊贤使能，俊杰①在位，则天下之士皆悦，而愿立于其朝矣。市，廛②而不征，法③而不廛，则天下之商皆悦，而愿藏于其市矣。关，讥而不征④，则天下之旅皆悦，而愿出于其路矣。耕者，助而不税⑤，则天下之农皆悦，而愿耕于其野矣。廛，无夫里之布⑥，则天下之民皆悦，而愿为之氓⑦矣。信能行此五者，则邻国之民仰之若父母矣。率其子弟，攻其父母，自有生民以来，未有能济者也。如此，则无敌于天下。无敌于天下者，天吏也。然而不王者，未之有也。"

注释

①俊杰：才智出众的人。

②廛（chán）：集市中储藏货物的地方。

③法：官吏税货之法。

④关，讥而不征：讥，呵察。意思是国家设关卡于境内，仅盘查违法行为，不抽取其货物税。

⑤助而不税：借民力治公田但不收税。

⑥布：钱。

⑦氓（méng）：流动的外来人口。

译文

孟子说："尊重贤德的人，任用有才能的人，使才德出众的人皆担任重要职位，天下的士人自然高兴，愿立身在他的朝廷做官。在市场上，或只征取地税及房捐，不征收货物税，或只依法征取货物税，不征牧屠捐，这样一来天下的商人自然高兴，愿藏在他的市场上做生意。在关卡上，只盘问一些奸险的人，却不征收货物税，这样一来天下的旅客自然高兴，愿在他的道路上行走。耕种的人，只叫他帮助耕种百亩的公田，不再征他私田的税，这样一来天下的农夫自然高兴，愿在他的田野里耕种。对百姓的住宅，只要他们依法服役完税，就不再征收其他的苛捐杂税，这样一来天下的百姓自然高兴，愿做他的人民。如果真能实行这五种德政，那邻国的百姓仰望爱慕他，就如同仰望爱慕自己的父母一样。假使率领这些父母的子弟，来攻打他自己的父母，自有人类历史以来，从来没有成功的。这样，天下就没有敌过他的国家了。天下没有敌过他的国家，就是奉行天命的官吏。像这样还不能统一天下，是从来没有过的。"

> **名师释疑**
>
> 房捐：指房地产税。郑观应《盛世危言·技艺》："地基由朝廷给发，建院经费，或拨国帑，或抽房捐。"

人皆有不忍人之心

孟子曰："人皆有不忍人之心①。先王②有不忍人之心，斯有不忍人之政矣。以不忍人之心，行不忍人之政，治天下可运之掌上。所以谓人皆有不忍人之心者：今人乍③见孺子④将入于井，皆有怵惕恻隐⑤之心——非所以内交⑥于孺子之父母也，非所以要誉⑦于乡党⑧

> **名师释疑**
>
> 恻隐之心：形容对人寄予同情。恻隐，对别人的不幸表示同情。

朋友也，非恶其声⁹而然也。由是观之，无<u>恻隐之心</u>，非人也；无羞恶⑩之心，非人也；无辞让之心，非人也；无是非之心，非人也。恻隐之心，仁之端也；羞恶之心，义之端也；辞让之心，礼之端也；是非之心，智之端也。人之有是四端也，犹其有四体也。有是四端而自谓不能者，自贼者也；谓其君不能者，贼⑪其君者也。凡有四端于我者，知皆扩而充之矣，若火之始然，泉之始达。苟能充之，足以保四海；苟不充之，不足以事父母。"

注释

①不忍人之心：不忍伤害他人之心。即下文所言"恻隐之心"。

②先王：指古圣王，如尧、舜、禹、汤、文、武等圣君。

③乍：突然。

④孺子：刚能爬行而无知识的小孩儿。

⑤怵惕恻隐：怵惕，惊惧。恻隐，伤痛貌。

⑥内交：结交。

⑦要誉：求好声名。要，求。

⑧乡党：古代二千五百家为乡，五百家为党。

⑨恶（wù）其声：讨厌小孩的哭声。

⑩羞恶：羞，耻己之不善也。恶，憎人之不善也。

⑪贼：害。

译文

孟子说："人皆有不忍伤害人的心。古代帝王因为有不忍伤害人的心，便有不忍伤害人的政治。能用不忍伤害人的心施行不忍伤害人的政治，平治天下，好像在手掌上运转弹丸一样容易了。我为什么说人都有不忍伤害人的心呢？譬如现在有人忽然看见一个无知的小孩，将要爬入井里，马上就有恐惧和怜悯的心情表现出来。这种心情完全出于天性，不是想借机交结小孩子的父母，也不是想博得邻里朋友的称赞，更不是厌恶那小孩的哭声才这样做。从这点看来，没有怜悯伤痛的心，不能算得人；没有羞耻憎恶的心，不能算得人；没有辞谢推让的心，不能算得人；没有辨别是非的心，也不能算得人。怜悯伤痛的心，是仁的发端；羞耻憎恶的心，是义的发端；辞谢推让的心，是礼的发端；辨别是非的心，是智的发端。一个人有这四个善端，如同身上有手足四肢一样。有了这四个善端，还说自己不能做善事，便是甘心自弃，自己残害天性了；说他的君不能做善事，是残害他的君了。凡是知道四个善端是在自己本身的，就知道尽量地推广它、充实它，如同初燃烧的火焰，越来越旺盛，如初流出的泉水，越来越汹涌。如果能扩充这四个善端，就足够保有天下；如果不能扩充，就连侍奉父母也是不能够做到的。"

名师指津

孟子认为"不忍人之心"是人所固有的，即"性本善"。但是随着人们年龄的增加，私欲膨胀会导致善的本性逐渐泯灭。

人告之以有过

孟子曰："子路①，人告之以有过，则喜。禹闻善言，则拜。大舜有大焉：善与人同，舍己从人，乐取于人以为善。自耕稼、陶、渔以至为帝，无非取于人者。取诸人以为善，是与人为善者也。故君子莫大乎与人为善。"

名师指津

我们要向子路学习，对待别人指出自己的错误不要反感，也不要生气，要学会感恩，并及时改正。

注释

①子路：姓仲，名由。孔子弟子。

译文

孟子说:"子路,别人告诉他有错处,他就非常欢喜。夏禹听见人说一句善言,就感激得下拜。大舜比他两人更伟大:行善不分自己和别人,内不见有己,外不见有人,假如自己未能尽善,便舍弃己见,听从他人的意见,乐于学习别人的善行。他从种田、烧窑、捕鱼一直到做了帝王,没有不是取他人的善言,自己照着去做。能取他人的善言,那别人获取我的善,就会格外勉励为善,这即是由我取善的诚意来帮助他啊!所以君子的为善,没有比帮助他人为善更大的了。"

非其君

孟子曰:"伯夷,非其君,不事;非其友,不友。不立于恶人之朝,不与恶人言。立于恶人之朝,与恶人言,如以朝衣朝冠,坐于涂炭①。推恶②恶之心,思③与乡人立,其冠不正,望望然④去之,若将浼⑤焉。是故诸侯虽有善其辞命而至者,不受也。不受也者,是亦不屑就⑥已。柳下惠⑦不羞污君,不卑小官。进不隐贤⑧,必以其道⑨。遗佚⑩而不怨,厄穷而不悯。故曰:'尔为尔,我为我。虽袒裼裸裎于我侧,尔焉能浼我哉?'故由由然与之偕而不自失焉,援而止之而止。援而止之而止者,是亦不屑去已。"孟子曰:"伯夷隘,柳下惠不恭。隘与不恭,君子不由也。"

名师指津

对待不良倾向,伯夷是"望望然去之",而柳下惠则"由由然与之偕而不自失",两者都十分可贵,十分难得。但孟子认为两者都不可取。

名师释疑

袒裼裸裎:袒裼,露臂。裸裎,露身。古人认为以露体见人,最为不敬。

注释

①涂炭:喻污浊之物。涂,泥。
②恶(wù):讨厌。

③思：语气助词，无意义。

④望望然：不回头地走开。

⑤浼（měi）：污染。

⑥就：接近。

⑦柳下惠：鲁国大夫，名展禽，字季，食采柳下，谥曰惠。

⑧进不隐贤：做官不隐藏自己的贤能。

⑨必以其道：必以正道事奉自己的君王。

⑩遗佚：遗弃。

译文

孟子说："伯夷绝不侍奉他不认可的君主；他不认可的朋友，绝不交往；不肯立身在恶人的朝廷上做官，也不同坏人说一句话。他认为如果立身在恶人的朝廷上，同恶人说一句话，就像穿着礼服戴着礼帽坐在泥土黑灰中间一样。推而广之，他厌恶人的心理，就像偶然和一个乡人站在一起，乡人帽子没有戴正，他就掉头不顾而去，像是会玷污他似的。所以，诸侯们虽把辞命说得恳切动人，来聘请他，他也不肯接受；这不肯接受的意思，是不愿屈节做他的官。柳下惠这个人不以事奉坏的君主为羞耻，不以做小官为低微。既做了官，就毫不隐藏自身的贤能，一切必定坚守着正道而行。如被遗弃，他不怨恨；虽遇困穷，他不忧愁。所以他常说：'你是你，我是我，虽是你袒着胸、露着臂坐在我的旁边，你怎能玷污到我呢？'所以他很随和地同人在一起，却不失去自己的操守。他要离去时，如有人挽留他，他就留下。叫他留下，也就是因为他用不着离开。"孟子说："伯夷的气量太狭窄，柳下惠做人的方式太简慢，这两点皆不合中道，君子都不按照这样做。"

名师指津

操守是指人的品德和气节，它是为人处世的根本，在人们的社会生活中有着重要作用。

天时不如地利

孟子曰:"天时①不如地利②,地利不如人和③。三里之城,七里之郭④,环而攻之而不胜。夫环而攻之,必有得天时者矣;然而不胜者,是天时不如地利也。城非不高也,池非不深也,兵革⑤非不坚利也,米粟非不多也;委⑥而去之,是地利不如人和也。故曰:域⑦民不以封疆之界,固国不以山溪之险,威天下不以兵革之利。得道者多助,失道者寡助。寡助之至,亲戚畔之⑧;多助之至,天下顺之。以天下之所顺,攻亲戚之所畔;故君子有不战,战必胜矣!"

名师指津

开门见山,提出"天时不如地利,地利不如人和"的中心论点。

注释

①天时:作战有利于自己的吉时。

②地利:有利于自己胜利的地势。

③人和:得民心。

④郭:外城。

⑤兵革:兵,武器。革,铠甲。

⑥委:弃。

⑦域:界限。

⑧亲戚畔之:亲戚,亲族,包括父母兄弟妻子等。畔,通"叛",背叛。

名师指津

孟子用"天时""地利""人和"来概括有利于战争的各种客观条件和主观条件,突出了人和的重要性。

译文

孟子说:"有利的时机不如有利的地势,有利的地势不如获得民心。譬如只有三里周围的内城,七里周围的外城,把它包围起来攻打,却不能获胜。在这包围攻打的时候,必定得到天时的吉利;

可是仍不能取胜，这是因为天时不如地利啊！城墙不是不高，护城河不是不深，兵甲不是不坚利，米粮不是不多，最后还是弃城而逃，这是因为地利不如人和啊！所以说，限制人民，不全靠封疆的界限；固守国家，不全靠山溪的险阻；威服天下，不全靠兵甲的坚利。能合正道的国君，就有很多人来帮助他；不合正道的国君，就很少有人帮助他。少有人帮助他到了极点，连亲族都背叛他；多有人帮助他到了极点，普天下的人都归顺于他。拿天下所顺从的势力，攻打那亲族所离叛的势力。所以得正道的人，除非不战，如果战，就必定胜利的。"

孟子为卿于齐

孟子为卿①于齐，出吊于滕②。王使盖③大夫王驩④为辅行⑤。王驩朝暮见。反齐滕之路，未尝与之言行事⑥也。

公孙丑曰："齐卿之位，不为小矣；齐滕之路，不为近矣；反之而未尝与言行事，何也？"

曰："夫既或治之，予何敢言哉？"

注释

①卿：客卿。处于<u>宾师</u>地位。
②出吊于滕：奉齐王命，出吊滕君之丧。
③盖（gě）：齐地名。在今山东沂水县西北。
④王驩（huān）：齐国的谄媚之人，有宠于王。
⑤辅行：副使。
⑥行事：出使之事。

名师释疑
宾师：古时指不居官职而受到君主尊重的人。

译文

孟子在齐国做客卿，奉命出使到滕国吊丧，齐王派盖邑大夫王驩做副使。王驩早晚都来见孟子；可是在往返于齐国和滕国的路上，孟子从来没有和他谈起出使的事。

公孙丑说："齐国卿的官位，不算小了；齐国到滕国的路程，不算近了；在往返的路上，夫子却不曾和王驩谈过出使的事，这是什么缘故呢？"

孟子说："他既然已经独断专行，我何必再说什么呢？"

名师指津

孟子虽然担任齐国国卿，实际上却是只有虚名，没有实权。而王驩虽然是副使却自专行事，这也是齐王授意的。

名师指津

儒家推崇孝道，所谓"百善孝为先"。丧葬也是孝道的重要内容。

孟子自齐

孟子自齐葬于鲁①，反于齐，止于嬴②。

充虞③请④曰："前日不知虞之不肖⑤，使虞敦匠⑥。事严⑦，虞不敢请。今愿窃有请也：木若以美然⑧？"

曰："古者棺椁无度⑨，中古⑩棺七寸，椁称之。自天子达于庶人，非直为观美也，然后尽于人心。不得，不可以为悦；无财，不可以为悦。得之为有财，古之人皆用之，吾何为独不然？且比化者无使土亲肤，于人心独无恔乎？吾闻之也，君子不以天下俭其亲。"

注释

①孟子自齐葬于鲁：孟子在齐做官，母亲去世，归葬于鲁。
②嬴：齐国南方的邑。
③充虞：孟子的弟子。
④请：问。
⑤不肖：不贤。

公孙丑篇

⑥敦匠：敦，治。匠，木工。
⑦事严：丧事紧急。严，急。
⑧木若以美然：棺木似乎太美。以，通"已"。已美，太美。
⑨无度：没有一定限度。
⑩中古：周公制礼以来。

译文

孟子因为母亲去世，从齐国回到鲁国安葬，事后又回到齐国，暂宿于嬴邑。

他的学生充虞问道："前日夫子不知我没有才干，派我监工，照料匠人做棺木的事。那时候很匆促，我不敢请教夫子。现在事情办完了，想私自请问一下：那棺木好像太美好了。"

孟子说："上古时代，内棺外椁，厚薄没有一定的限度。到了中古周公制礼的时候，制定棺材七寸厚，椁的厚薄和它相称。从天子一直到百姓，都是一样的，不但为了外表美观，因为这样做，然后才能尽了人子的孝心。如果受法度的限制，不能这样做，人子的心便不悦足；如果财力不够，不能这样做，人子的心便不悦足。既符合法度，又具有财力，古时候的人都采用这种棺椁了，我为什么独独不这样做呢？况且把棺木做得厚些，死者寄寓在里面，不使泥土近着他的肌肤上，在人子的心里，难道不快慰吗？我听人说过：'君子不因吝惜天下的财物，在自己父母的身上来节省。'"

燕可伐与

沈同①以其私②问曰："燕③可伐与？"

孟子曰："可。子哙④不得与人燕，子之不得受燕于子哙。有

名师释疑

周公制礼：在周公主持下，对以往的宗法传统习惯进行补充、整理，制定出一套以维护宗法等级制度为中心的行为规范以及相应的典章制度、礼节仪式。周公，姓姬名旦，西周初期杰出的政治家、军事家、思想家、教育家，被尊为"元圣"（儒家）和儒学先驱、奠基人。

子之（？—前314）：战国时期燕国国相。燕王哙于前320年即位后，任用子之为燕相。子之为国相时，办事果断，善于监督考核臣属，得到燕王哙的赏识和重用。燕王哙因年老不再过问政事，"国事皆决于子之"，又听信鹿毛寿的建议，效法尧以天下让与许由的故事，把燕国政权都交给子之。

47

仕⑤于此，而子⑥悦之，不告于王，而私与之吾子之禄爵⑦；夫士也，亦无王命而私受之于子。则可乎？何以异于是？"

齐人伐燕。

或问曰："劝齐伐燕，有诸？"

曰："未也；沈同问：'燕可伐与？'吾应之曰：'可。'彼然而伐之也。彼如曰：'孰可以伐之？'则将应之曰：'为天吏，则可以伐之。'今有杀人者，或问之曰：'人可杀与？'则将应之曰：'可。'彼如曰：'孰可以杀之？'则将应之曰：'为士师，则可以杀之。'今以燕伐燕，何为劝之哉？"

注释

①沈同：齐国大臣。
②以其私：用私人身份。
③燕：燕国。
④子哙：即燕王哙，战国时期燕国君主，燕易王之子。
⑤仕：做官的人。
⑥子：指沈同。
⑦私与之吾子之爵禄：喻以王位私相授受，没有征求人民的同意。

> **名师释疑**
> 私相授受：指不是公开的给予和接受。出自清钱谦益《牧斋初学集·与蒋明府论优免事宜》。

译文

齐国大臣沈同以私人身份问孟子道："燕国可伐吗？"

孟子说："可以的。天子领导天下，子哙不应该把燕国让给别人，子之也不应该承受燕国。比如有位做官的在这里，因为你很喜欢他，不去请示周天子，就私下把你的爵位让给他，这人也未奉着王命，便私下承受你的爵位。哪里可以这样呢？这和子哙、子之的私相授受，又有什么不同？"

后来齐国果然派兵攻打了燕国。

有人问孟子说:"夫子劝齐国攻打燕国,有这回事么?"

孟子说:"没有啊。沈同曾问:'燕国可以攻伐么?'我同他说:'可以。'他认为我说得对,便出兵去打燕国。他如果再问我说:'谁可以去伐燕?'我就回答他说:'做天吏的可以伐燕。'比如现在有个杀了人的人,有人问我道:'这人可以杀了他吗?'我就回答他说:'可以。'他如果再问:'谁可以杀他?'我就回答他说:'做法官的才可以杀他。'如今齐国和燕国同样的无道,就如同以同燕国一样暴虐的齐国去伐燕国,我为什么还要去劝他呢?"

名师指津

孟子认为:讨伐燕国者必须施行优于燕的政策,否则,伐燕是没有意义的,而且也不可能得到民众的支持。

孟子致为臣而归

孟子致为臣而归。王就见孟子,曰:"前日愿见而不可得,得侍同朝,甚喜。今又弃寡人而归,不识可以继此而得见乎?"

对曰:"不敢请耳,固所愿也⑥。"

他日,王谓时子①曰:"我欲中国②而授孟子室,养弟子以万钟③,使诸大夫国人皆有所矜式④。子盍为我言之?"

时子因陈子而以告孟子。陈子以时子之言告孟子。

孟子曰:"然。夫时子恶知其不可也?如使予欲富,辞十万而受万,是为欲富乎?季孙曰:'异哉子叔疑!使己为政,不用,则亦已矣,又使其子弟为卿。人亦孰不欲富贵?而独于富贵之中有私龙断焉。'古之为市也,以其所有,易其所无者,有司者治之耳。有贱丈夫⑤焉,必求垄断而登之,以左右望,而罔市利。人皆以为贱,故从而征之。征商,自此贱丈夫始矣。"

名师指津

齐宣王始终不愿意实施孟子所提出的"仁政"方案,所以,孟子还是只有"致为臣而归",辞职归家了。

注释

①时子：齐大臣。春秋时期宋国大夫子来之后，备受孟子推崇。
②中国：在国都中央。
③万钟：谷禄的数量。钟，量名，受六斛四斗。
④矜式：矜，敬。式，法。
⑤贱丈夫：贪婪可鄙之人。

> **名师释疑**
> 斛：我国旧量器名，也是容量单位，一斛本为十斗，后来改为五斗。

译文

孟子辞去客卿的职位，想要回去。齐王亲自来看孟子说："从前我想见夫子，却不能够见到；等到夫子来齐，才能陪奉夫子，和夫子同朝，心里高兴极了。现在您又要舍我归去，不知从此以后还能够再相见吗？"

孟子答道："臣虽不敢请求，这本是臣衷心所期望的。"

过了几天，齐王对大臣时子说："我想在国都的中央，给孟子一所居屋，每年用万钟的俸禄，供养他的弟子，好使诸大夫和国人都可尊敬而效法。你何不替我去说一说？"

时子便把齐王的话托陈子转告孟子，于是陈子把时子的话告诉孟子。

孟子说："嗯。那时子哪晓得这事情做不得呢？假使我真想发财，辞了十万钟的俸禄，却来接受一万钟的薪金，这算是想发财吗？季孙说：'真奇怪！子叔疑这个人，自己要想做官，君不用他，也就算了罢，却要设法让自己的儿子兄弟去做卿。人谁不想富贵，他却独独在富贵场中，有霸占山头、私自垄断的样子。'古时做交易的人，拿自己所有的，换取自己所没有的；司市的官吏，不过约束他的争执就算了。但市场上却有一个贱丈夫，必定先找个高高的冈垄登上去，东张西望，好去网罗市场中的利益。人人皆以为这种行为太卑贱，所以就特地征取他的税。征取商税，就是从这贱丈夫开始的。"

> **名师指津**
> 孟子在指出官场垄断现象的同时，还指出了市场垄断现象的起源，具有超前意义。

孟子去齐

孟子去齐,宿于昼①。有欲为王留行者,坐而言。不应,隐②几而卧。

客不悦曰:"弟子齐宿③而后敢言,夫子卧而不听。请勿复敢见矣。"

曰:"坐!我明语子。昔者鲁缪公④无人乎子思⑤之侧,则不能安子思;泄柳⑥、申详⑦无人乎缪公之侧,则不能安其身。子为长者虑,而不及于思;子绝长者乎?长者绝子乎?"

注释

①昼:齐西南近邑。
②隐:靠着。
③齐(zhāi)宿:齐,同"斋"。前一天要斋戒。
④鲁缪公:鲁君,名显。
⑤子思:孔子的孙子,名伋,后世称为"述圣"。
⑥泄柳:鲁国人。
⑦申详:子张的儿子。

译文

孟子离开了齐国,歇宿在昼邑。有人想替齐王挽留孟子,很恭敬地坐着,向孟子说话。孟子不回答,倚靠在几案上打瞌睡。

这人不高兴地说:"弟子斋戒地过了一夜,才敢来说,夫子却在打瞌睡不理我。请不要见怪,以后也不敢来拜见了。"

孟子说:"你坐,我明白告诉你。从前鲁缪公敬重子思,假使不派人在子思身旁伺候,转达诚意,就不能安留子思。泄柳、申详,

名师释疑

斋戒:在我国,斋戒主要用于祭祀、行大礼等严肃庄重的场合,以示虔诚庄敬。斋戒包含斋与戒两个方面。"斋"来源于"齐",主要是"整齐",如沐浴更衣、不饮酒、不吃荤。"戒"主要是指戒游乐,比如不与妻妾同寝,减少娱乐活动。后以此指称相似的宗教礼仪。在佛教中,清除心的不净叫作"斋",禁止身的过非叫作"戒",斋戒就是守戒以杜绝一切嗜欲的意思。

贤虽不如子思，然皆义不苟容，假使没有人在缪公身旁维护他们，也就不能安留他们。你替我长者筹谋，却不想到那缪公安留子思的态度，只把我当作泄柳、申详，想在齐王面前来维护我；究竟是你先弃绝长者呢？还是长者弃绝你呢？"

名师指津

孟子既不能像子思一样安心，也不能像泄柳、申详一样安身，所以拒绝了那个想替齐王挽留孟子的人。

尹士语人

孟子去齐。尹士①语人曰："不识王之不可以为汤武，则是不明也；识其不可，然且至，则是干泽②也。千里而见王，不遇故去。三宿而后出昼，是何濡滞③也？士则兹不悦④。"

高子⑤以告。

曰："夫尹士恶知予哉！千里而见王，是予所欲也；不遇故去，岂余所欲哉？予不得已也。予三宿而出昼，于予心犹以为速。王庶几改之！王如改诸，则必反予⑥。夫出昼而王不予追也，予然后浩然有归志。予虽然，岂舍王哉？王由足用为善；王如用予，则岂徒齐民安，天下之民举安。王庶几改之，予日望之！予岂若是小丈夫然哉！谏于其君而不受，则怒，悻悻然见于其面，去则穷日之力而后宿哉？"

尹士闻之曰："士诚小人也！"

注释

① 尹士：齐国人。
② 干泽：求取官位。
③ 濡滞：淹久，迟留。
④ 士则兹不悦：我对这种情况很不高兴。兹，这。
⑤ 高子：齐国人，孟子的弟子。
⑥ 反予：召还我也。

译文

孟子离开了齐国，尹士告诉人说："孟子不知道齐王是否可以成为商汤和武王，就是不是很明白其中的道理；而知道他不可以，却还要来到齐国，是自己想求做官的机会。走了千里路赶来见齐王，因意见不合便离去，又在昼邑住了三夜才离开，为什么这样迟缓呢？我对于这点，颇不满意。"

高子把这话告诉了孟子。

孟子说："那个尹士怎么会理解我呢？走了千里路赶来见齐王，是我愿意的；因意见不合便离去，难道是我愿意的吗？我实在是出于不得已啊！我在昼邑住了三夜才离开，在我心中还觉得太快。齐王或许能改悔呢！如果改悔，他一定会追我回去。直等到走出了昼邑也没见齐王来追我，我才有归去的决心。我虽如此，又哪里忍心舍弃齐王呢？齐王天资纯朴，还可用以推行善政；齐王如果用我，岂止齐国百姓可以安定，天下的百姓全都可安定了。齐王或许能改悔，我天天这样盼望着！我难道像那器量狭窄的小人一样吗？去劝谏他的君而不被采纳，马上发了怒，愤愤不平的颜色就表露在脸上，离去时候，便用尽一天时间才肯止宿吗？"

尹士听了这话，很惭愧地说："我尹士真是小人啊！"

名师指津

孟子住了三夜才离开昼邑，在等待齐王或许会改变态度，但未能如愿，毅然下定决心回老家去。可见孟子十分渴望实现济世的理想。

名师释疑

愤愤不平：心中不服，感到气愤。

名师赏析

本篇上半部分是学理的发挥，下半部分则引用事例加以说明，体现孟子重视扩充内养而致外用的境界。被一些学者视为《孟子》最重要的一篇，孟子借着与公孙丑的问答表达出"内圣外王"的中心思想。"内圣外王"一词来源于《庄子·天下篇》，意为内具有圣人的才德，对外施行王道，是中国儒家文化的精髓部分。

学习借鉴

好词

蹙然　艴然　浩然之气　恻隐之心　愤愤不平

好句

*得道者多助，失道者寡助。

*不得于言，勿求于心；不得于心，勿求于气。

*天时不如地利，地利不如人和。

思考与练习

1. 在本篇中，孟子是怎样评价孔子的？请用原文的话回答。
2. 你是怎样看待"恻隐之心"的？请用自己的话表明观点。

滕文公篇

名师导读

本篇记录孟子与滕文公之间的谈话,其中包含了孟子对农家和墨家两个学派的观点,还论述了仁政思想与治国之道。在这一篇章中我们又会有哪些收获呢?仔细品味便会知晓。

滕文公为世子

滕文公为世子①,将之楚②,过宋③而见孟子。孟子道性善,言必称尧舜。

世子自楚反,复见孟子。孟子曰:"世子疑吾言乎?夫道一而已矣。成覸谓齐景公曰:'彼,丈夫也;我,丈夫也;吾何畏彼哉?'颜渊曰:'舜,何人也?予,何人也?有为者亦若是。'公明仪④曰:'文王,我师也。周公岂欺我哉?'今滕,绝长补短,将五十里也,犹可以为善国。《书》曰:'若药不瞑眩,厥疾不瘳。'"

名师释疑

成覸(jiàn):人名,齐景公时的大臣。

注释

①世子:即太子。
②将之楚:将往楚国修睦邻之礼。
③宋:国名,周朝时期的一个诸侯国。国都在今商丘。

④公明仪：鲁国贤人。复姓公明，名仪。

译文

滕文公做世子的时候，将要去楚国，特地经过宋国来看孟子。孟子同他说人性是善的，必定引述尧舜的言行为证。

后来世子从楚国回来，又来看孟子。孟子说："世子怀疑我的话吗？要知道天下古今的道理，只有一个。从前齐国勇臣成覸对齐景公说：'他是个成年男子，我也是个成年男子，我为什么怕他呢？'颜渊也说：'舜是什么样的人，我就是什么样的人，只要有所作为，就能像他一样。'公明仪也说：'文王是我的老师，周公也是应该信赖的。'现在滕国虽然小，截长补短，差不多也有五十里地方，还可做成一个推行善政的国家。《尚书》上说：'假如服了药，不能使头昏目眩，这病是不易好的。'"

名师指津：这是孟子在孔子的"仁爱"思想基础上发展而来的性善论。而"性善论"的基础是"四心"，即善恶之心、恻隐之心、恭敬之心、是非之心。孟子又称作良心与本心。良心就是善心，本心就是原本具有之心。

滕定公薨

滕定公①薨。世子谓然友曰："昔者，孟子尝与我言于宋，于心终不忘。今也不幸，至于大故。吾欲使子问于孟子，然后行事②。"

然友之邹，问于孟子。

孟子曰："不亦善乎！亲丧，固所自尽也。曾子曰：'生，事之以礼；死，葬之以礼，祭之以礼。可谓孝矣。'诸侯之礼，吾未之学也。虽然，吾尝闻之矣：三年之丧，齐疏③之服，飦粥之食，自天子达于庶人，三代共之。"

然友反命，定为三年之丧。父兄百官皆不欲也，曰："吾宗国鲁先君莫之行，吾先君亦莫之行也，至于子之身而反之，不可。且《志》曰：'丧祭从先祖。'曰：'吾有所受之也。'"

谓然友曰："吾他日未尝学问,好驰马试剑。今也父兄百官,不我足也,恐其不能尽于大事。子为我问孟子。"

然友复之邹问孟子。

孟子曰："然。不可以他求者也。孔子曰:'君薨,听于冢宰④,歠⑤粥,面深墨,即位而哭。百官有司,莫敢不哀,先之也。'上有好者,下必有甚焉者矣。君子之德,风也;小人之德,草也。草尚之风必偃。是在世子。"

然友反命。

世子曰："然!是诚在我。"

五月居庐,未有命戒。百官族人可,谓曰知。及至葬,四方来观之。颜色之戚⑥,哭泣之哀,吊者大悦。

注释

①滕定公:滕文公的父亲。

②行事:办理丧事。

③齐(zī)疏:丧服名。齐,通"缵"。疏,粗布。

④冢宰:周官名,为六卿之首。

⑤歠(chuò):喝。

⑥戚:难过。

译文

滕定公去世了,太子向他师傅然友说:"前日在宋国,孟子曾经和我谈话,我心里始终没有忘记。现在不幸,遭到父丧的大事,我要请你去问孟子,然后再举办丧礼。"

然友就到了邹国,来问礼于孟子。

孟子说:"世子这样的心不是很好吗?举办亲丧大礼,本是为

名师指津

父母在死时，一定要"葬之以礼"，这就是孟子"孝道"思想的体现。孟子的思想核心是"仁"，而"仁"的根本就是"孝"。

名师释疑

遗志：死者生前的志愿。后多指生前没有实现的志愿。

丧庐：古人于父母或老师死后，服丧期间守护坟墓，在墓旁搭盖的小屋居住，这间小屋即为丧庐。

人子女应尽的孝心。曾子说过：'父母在日，就依礼侍奉他们；去世了，就依礼殡葬他们，也依礼祭祀他们。这可称为孝了。'至于诸侯的丧礼，我本没有研究过。虽然这样，我也是曾听说过的：父母去世，应行三年的丧礼，穿粗布的孝服，饮食清淡，从天子通行到一般的百姓，夏、商、周三代以来，全是如此。"

于是然友回来复命，世子就决定行三年的丧礼。可是宗族的长老和朝廷的大臣都不愿意，说："我宗国鲁先君不曾这样做，我先君也不曾这样做，现在到了你身上就要违背了，这是不可以的。而《志》上说：'丧祭的大礼，当遵从先祖的遗志。'这意思说：'我是有所承受的，怎么可以违反呢？'"

世子便对然友说："我从前未尝讲求学问，只是好驰马舞剑，现在宗族长老和朝廷大臣都不满意我，怕不能把大事办理完善，你再替我去问问孟子。"

然友再一次到邹国问孟子。

孟子说："嗯！这件事不可征求别人的意见，是要靠自己拿出主张来。孔子说：'国君死了，一切政事皆由冢宰来处理，嗣君只是尽哀罢了。每天喝点稀粥，面色深黑，伏在丧位上时时哭泣。所有朝廷的官吏，没有一个不敢不哀痛，因为嗣君能先尽其哀戚。地位在上的人所喜好的事，在下位的人必定会比他喜欢得更厉害。在上君子的德行，譬如风；在下小人的德行，譬如草。草上加了风，必定随着风偃伏了。这事全靠世子自己去做。"

然友回来复命。

世子说："是的，这事确是在我自己。"

于是太子便在丧庐里守丧五个月，没有发布任何命令和告戒。所有官吏和宗族们都称赞道："世子真是知礼了。"后来到了安葬的日子，四方来观礼的，见着世子脸色悲伤，哭泣哀恸，吊丧的人非常悦服。

滕文公问为国

滕文公问为国。

孟子曰："民事不可缓也。《诗》①云：'昼尔于茅，宵尔索绹②；亟其乘屋③，其始播百穀。'民之为道也：有恒产者有恒心，无恒产无恒心。苟无恒心，放辟邪侈，无不为已。及陷乎罪，然后从而刑之，是罔民也。焉有仁人在位罔民而可为也？是故贤君必恭俭礼下，取于民有制。阳虎曰：'为富不仁矣！为仁不富矣！'

"夏后氏五十而贡，殷人七十而助，周人百亩而彻：其实皆什一也。彻者，彻也；助者，借也。龙子曰：'治地，莫善于助，莫不善于贡。'贡者，校数岁之中以为常。乐岁，粒米狼戾，多取之而不为虐，则寡取之；凶年，粪其田而不足，则必取盈焉。为民父母，使民盻盻然④，将终岁勤动，不得以养其父母，又称贷而益之，使老稚转乎沟壑，恶在其为民父母也？夫世禄，滕固行之矣。《诗》云：'雨我公田，遂及我私。'惟助为有公田。由此观之，虽周亦助也。

"设为庠序学校以教之。庠者，养也；校者，教也；序者，射也。夏曰校，殷曰序，周曰庠；学则三代共之，皆所以明人伦也。人伦明于上，小民亲于下。有王者起，必来取法：是为王者师也。

"《诗》云：'周虽旧邦，其命惟新。'文王之谓也。子力行之，亦以新子之国。"

使毕战问井地。

孟子曰："子之君将行仁政，选择而使子，子必勉之！夫仁政，必自经界始。经界不正，井地不均，穀禄不平。是故暴君污吏必慢其经界。经界既正，分田制禄可坐而定也。

"夫滕，壤地褊小，将为君子焉，将为野人焉。无君子，莫治野人；无野人，莫养君子。请野九一而助，国中什一使自赋。卿以下必有圭田⑤，圭田五十亩；馀夫二十五亩。死徙无出乡，乡田同井，出入相友，守望⑥相助，疾病相扶持，则百姓亲睦。方里而井，井

名师指津

反映了孟子的民本思想。孟子认为，国家的根本在于人民，所以恭俭对待人民，要"取于民有制"。

名师释疑

为富不仁：剥削者为了发财致富，心狠手辣，没有仁慈的心肠。

九百亩,其中为公田。八家皆私百亩,同养公田。公事毕,然后敢治私事,所以别野人也。此其大略也。若夫润泽之,则在君与子矣。"

注释

①《诗》：此处指《诗经·豳风·七月》篇。
②索绹：绞成绳索。
③亟其乘屋：急于升登屋以修葺。亟,急。乘,升。
④盻盻（xì）然：怒视的样子。
⑤圭（guī）田：古者卿以下至士,皆受圭田五十亩,用来供祭祀。
⑥守望：防寇盗。

译文

滕文公向孟子询问有关治国的道理。

孟子说："农事是最不可延缓的。《诗经》上说：'白天去割取茅草,夜里要搓绞绳索；赶快把茅屋修好,等待春来,又要播种百谷了。'一般百姓的习惯,有了恒产,才有恒心；没有恒产的,就没有恒心。假使没有恒心,那么放荡淫乱、乖僻邪恶的事,就没有不做的了。等到他们犯罪,再用刑来处罚他们,就等于预张网罗陷害百姓,哪里有仁君在位,网民入罪的事是可以做的呢？所以古时的贤君必定是恭敬节约,用礼仪接待臣下；征收百姓的赋税,都有一定的限制。从前阳虎说：'要想发财,便不能行仁；要想行仁,便不能发财。'

"夏朝的制度,每个成年男子授田五十亩,实行贡法；殷朝的制度,每个成年男子授田七十亩,实行<u>助法</u>；周朝的制度,每个成年男子授田百亩,实行彻法。其实,都是十分取一的租税。彻,是征取的意思；助,是借助民力的意思。古圣贤龙子说：'征取田税

> **名师释疑**
> 助法：古代借民力助耕公田的一种劳役租赋制度。相传始行于殷代。

的办法，没有比助法更好的，没有比贡法更坏了．'那贡的办法，是比较几年中的收成，定出一个中数来，以为征税的标准。丰年的粟米，抛弃得<u>狼藉</u>满地，多收些也不算暴虐，却要照规定收得很少；可是遇到荒年，即使施肥，全部收成还不够纳税，但一定要按照规定全部征收。做百姓的父母，反使人民瞪着眼怨恨他，将使他们终年勤苦，不能把所收获的奉养双亲，还要举债来补足税额，致使老弱的饿倒在沟壑里，这样，哪里配做人民的父母呢？谈到世禄的制度，滕国早已实行了，为什么百姓都不能有一定的田地收入呢？《诗经》上说：'希望雨先落到公田，然后再落到私田．'只有助法是有公田的办法。从这诗上看来，周朝虽实行彻法，但也会用助法。

"即使百姓有了恒产，又设立庠、序等学校来教化他们。庠的取义，是奉养退休的卿大夫和士，并请他们担任教职；校的取义，是教导百姓；序的取义，是习射讲武。历朝皆有地方学府，夏朝叫校，殷朝叫序，周朝叫庠。至于国家设立的，叫作学。这名称，是三代相同的，目的都是用来教导人民明白做人的道理啊！假使滕国在上位的，能阐明做人的大道理，那些在下的小民，自然亲睦友爱。如有圣王兴起，必定来取做模范，那就可以做圣王的先生了。"

"《诗经》上说：'周家虽然是个旧的邦国，它承受天命，却是新的．'这是称赞文王励精图治的说法。世子若是尽力去做，也可振兴你的滕国。"

滕文公又派毕战来问井田施行的办法。

孟子说："你的君想推行仁政，才让你到这里来，希望你好好地努力！至于推行仁政，必须从划分田亩的疆界做起。如果田亩的疆界划分不正确，那井大小就不均匀了，征求米谷做俸禄，也就不能公平了。所以暴君污吏必定破坏这田界，才能浑水摸鱼而得利。如果田亩界限划分得正确，那分配民田，制定官俸，就可毫不费力地办好。

"滕国土地虽然狭小，却也得有政府的官吏和田间的农民。没有官吏，就没有人治理农民；没有农民，就没人供养官吏。请就便

> **名师释疑**
>
> 狼藉：乱七八糟、杂乱不堪的样子。

来加以说明：可在城郊外，用井田九分取一的助法；在城区内，不能割成井田，就用那十分取一的彻法，使百姓自行纳税。还有一种优待官吏的办法：卿大夫以下，一直到士，除世禄以外，又有专供祭祀的圭田，每人五十亩。再有一种优待农民的办法：一家中如有年满十六岁还未成家的兄弟，就算余夫，他可另授田二十五亩。这样，风俗自然日趋淳厚，无论死者安葬或生者迁移，都不会出离本乡本土。因为这一乡的田亩，同在一个井地，这八家中，平时出入往来彼此相伴，防御盗贼彼此相助，有了疾病也互相扶持照料，那么，百姓自然会亲近和睦的。至于井田的办法，是在一方里土地上画一个井字，共均分为九区，每区一百亩，"井"中间的百亩是公田，其余八家，各私有一百亩，共同来助耕公田。必须先把公田的事做完，然后才敢做私田的事；这种先公后私的规定，是用来区分官吏和农民间的职责，使他们知道各尽义务，共享权利。这就是井田制度的大略情形。还有斟酌损益，以求尽善，那全靠滕君和你自己了。"

名师指津

此为孟子的"制民恒产"的民本思想。在孟子的"仁政"思想中，民本思想是最富特色且最具魅力的。孟子认为人民是社会与国家的根基所在。

墨者夷之

墨者夷之因徐辟[1]而求见孟子。孟子曰："吾固愿见，今吾尚病，病愈，我且往见，夷子不来！"

他日，又求见孟子。孟子曰："吾今则可以见矣。不直，则道不见；我且直之。吾闻夷子墨者。墨之治丧也，以薄[2]为其道也。夷子思以易天下，岂以为非是而不贵也？然而夷子葬其亲厚，则是以所贱事亲也。"

徐子以告夷子。

夷子曰："儒者之道，'古之人若保赤子。'此言何谓也？之则以为爱无差等，施由亲始。"

名师释疑

夷之：一个研究墨家学说的人。

滕文公篇

徐子以告孟子。

孟子曰："夫夷子信以为人之亲其兄之子为若亲其邻之赤子乎？彼有取尔也。赤子匍匐将入井，非赤子之罪也。且天之生物也，使之一本，而夷子二本故也。盖上世尝有不葬其亲者，其亲死，则举而委之于壑。他日过之，狐狸食之，蝇蚋姑嘬之。其颡有泚，睨而不视。夫泚也，非为人泚，中心达于面目，盖归反虆梩而掩之。掩之诚是也，则孝子仁人之掩其亲，亦必有道矣。"

徐子以告夷子。夷子怃然，为间，曰："命之矣。"

注释

①因徐辟：徐辟，孟子弟子。因，依托。依托徐辟。
②薄：指薄葬。

译文

研究墨学的名叫夷之的人依托徐辟的介绍而求见孟子。孟子说："我本愿意见他，但我今天还有病，等病好了，我将去看他，请夷子不必来了。"

改天，夷之又托徐辟求见孟子。孟子说："我今天可以见他了。若不纠正他，儒家之道，便不能显扬；我且来纠正他。我听说夷子是信仰墨子学说的，那墨氏治理丧事，是以简约节俭为原则。夷子想拿这个原则去改变天下的风俗，难道认为不这样薄葬就不贵重吗？但是夷子葬他的父母很丰厚，这是拿他所轻贱的去侍奉父母了。"

徐辟把这话告诉夷子。

夷子说："儒家的说法，'古代的圣王保护百姓，就像保护赤子一样。'这话怎么理解呢？我认为是说，人对人的爱，是没有等第的差别的；不过施行起来，先从父母开始。"

名师释疑

墨子学说：墨家的基本思想主要有兼爱、非攻、尚贤、尚同、节用、节葬、非乐、天志、明鬼、非命十项。

名师指津

"仁爱"与"兼爱"是儒墨之争的核心问题。墨子认为，儒家的礼乐文化会成为贵族的帮凶，无益于百姓民生。儒学之所以不能惠及普通民众，根源在于"仁"说。

63

徐辟又将夷子的话告诉孟子。

孟子说:"那夷子真以为人亲爱兄之子,就像亲爱他邻居的婴儿一样吗?要晓得书经上的话,是别有取意:譬如婴儿无知,将要爬行到井里去,这不是婴儿的罪;可见婴儿无知,须靠父母保护,这和百姓无知,须靠君上保护一样。而且上天生物,只使他独亲其一本所生的;而夷子亲爱世人,如同亲爱己之父母,竟有二本了。在那上古时代,常有不葬他父母的人。他父母一死,就抬了尸体抛弃在涧坑里。过了几天,经过那边,忽然看见狐狸吃那尸身的肉,蝇蚊吸吮那尸身的血,他的额上不觉出汗,只斜着眼睛,不忍正视。这出汗,不是为了别人出的,是从内心愧悔而出的。于是急急回家去拿了土笼和木锹来,把尸体掩埋好了。这掩埋,实在是应该做的。所以孝子仁人厚葬他的父母,也必有他的道理了。"

徐辟又将这些话告诉夷子。夷子心里怅然,过了一会儿,才悟道:"孟子已经指教我了。"

彭　更

彭更[①]问曰:"后车数十乘,从者数百人,以传食[②]于诸侯,不以泰[③]乎?"

孟子曰:"非其道,则一箪食不可受于人;如其道,则舜受尧之天下,不以为泰。子以为泰乎?"

曰:"否。士无事而食,不可也。"

曰:"子不通功易事,以羡[④]补不足,则农有余粟,女有余布;子如通之,则梓匠轮舆[⑤]皆得食于子。于此有人焉,入则孝,出则悌,守先王之道,以待后之学者,而不得食于子;子何尊梓匠轮舆而轻仁义者哉?"

曰:"梓匠轮舆,其志将以求食也。君子之为道也,其志亦将以求食与?"

曰："子何以其志为哉？其有功于子，可食而食之矣。且子食志乎？食功乎？"

曰："食志。"

曰："有人于此，毁瓦画墁，其志将以求食也，则子食之乎？"

曰："否。"

曰："然则子非食志也，食功也。"

注释

①彭更：孟子的弟子。

②传食：辗转找食物吃。

③以泰：太过分。以，同"已"。泰，太，过分。

④羡：多余。

⑤梓匠轮舆：梓人、匠人指木工，轮人、舆人均指车工。

译文

彭更问孟子说："后面跟着车子有几十辆，随从弟子有几百人，每到一国，就接受诸侯的招待，住他的宾馆，吃他的美餐，您这样未免太过分了吧？"

孟子说："如果不合于道，就是一竹篮饭，也不能接受的；合于道，就像舜受尧的天下，也不为过分。你以为太过分么？"

彭更说："不是这样说。我只认为没有功劳而白吃人的饭，那是不可以的。"

孟子说："你如不能分工合作，将自家工作的成果和别人家去交换，拿多余的去弥补不足的，那种田的农夫就空有剩余的米谷，纺织的妇女就空有剩余的布匹。假使他们互通有无，交换成果，那么，虽是木匠和车工，都能够从你这里得到饭吃。何况现在有一

名师指津

孟子认为"取之"不在于是否贵重，只在于是否合乎道义。当今社会，不乏一些投机分子，遇事只讲求利益，而将"道"抛之脑后，最终落了个不好的下场，这就是"取之无道"的结果。

名师释疑

遵循(zūn xún)：遵照。

个人，在家能孝顺父母，出外能恭敬兄长，守护着先王的大道，以备后起的青年，使他们有所遵循和取法。这样的人，反不能在你那儿得到饭吃。你为什么要重视木匠车工而看轻那行仁尚义的君子呢？"

彭更说："木匠和车工，他们的心愿，将借这个来找饭吃的；君子行仁尚义，他们的心愿，也是想借这个来找饭吃么？"

孟子说："你何必拿君子的心愿来说呢？只要有功劳于你，可以给他饭吃，就给他吃是了。而且你还是为了他的心愿给他饭吃呢？还是为他的功劳给他饭吃呢？"

彭更说："是为了他们心愿才给他饭吃的。"

孟子说："有个工人在这里，毁坏你的屋瓦，涂抹你墙壁的粉饰，他的心愿是想借这个找饭吃的，那你给他饭吃么？"

彭更说："不给他。"

孟子说："那么你不是给有心愿的人吃的，是给有功劳的人吃的。"

宋小国也

万章①问曰："宋，小国也。今将行王政，齐、楚恶而伐之，则如之何？"

孟子曰："汤居亳②，与葛③为邻，葛伯放而不祀。汤使人问之曰：'何为不祀？'曰：'无以供牺牲也。'汤使遗④之牛羊。葛伯食之，又不以祀。汤又使人问之曰：'何为不祀？'曰：'无以供粢盛也。'汤使亳众往为之耕，老弱馈食。葛伯率其民，要⑤其有酒食黍稻者夺之，不授者杀之。有童子以黍肉饷，杀而夺之。《书》曰：'葛伯仇饷。'此之谓也。为其杀是童子而征之，四海之内皆曰：'非富天下也，为匹夫匹妇复仇也。''汤始征，自葛载。'十一征而无敌于天下。东面而征，西夷怨；南面而征，北狄怨，曰：'奚为后我？'民之望之，若大旱之望雨也。归市者弗止，芸者不变。诛其君，吊其民，如时雨降，民大悦。《书》曰：'徯我后，后来其无罚。''有攸不惟臣，东征，绥厥士女。篚厥玄黄，绍我周王见休，惟臣附于大邑周。'其君子，实玄黄于篚以迎其君子；其小人，箪食壶浆以迎其小人。救民于水火之中，取其残而已矣。《太誓》曰：'我武惟扬，侵于之疆。则取于残，杀伐用张，于汤有光。'不行王政云尔；苟行王政，四海之内皆举首而望之，欲以为君。齐楚虽大，何畏焉？"

注释

① 万章：孟子的弟子。
② 亳（bó）：商的都城所在，在今河南商丘。
③ 葛：夏之诸侯，嬴姓之国，伯爵。
④ 遗（wèi）：赠送。
⑤ 要（yāo）：中途拦截。

译文

万章问道："宋国是个小国，现在想施行王政，齐、楚两个大国起了嫉妒心，要来攻伐，那它怎么来对付呢？"

孟子说："当初商汤住在亳邑，和葛国为邻，葛伯放纵无道，不祭祀祖先，汤即派人去问他说：'为什么不祭祀祖先？'葛伯说：'因为没有供祭祀用的三牲。'汤即派人送给他牛羊。葛伯就把牛羊吃了，也不用它来祭祀。汤又派人去问他说：'为什么不祭祀祖先？'葛伯说：'因为没有供给祭祀的米谷。'汤就叫亳邑强壮的百姓去替他耕田，老弱的百姓就送饭给耕田的人吃。葛伯却领着自己的百姓，在路上截拦住送饭的人，抢夺酒和饭菜。如果不肯给的，便把他们杀死。有个小孩子拿饭和肉送给耕种人吃，也被葛伯杀死，抢去他的饭肉。《尚书》上说：'葛伯把送饭的人当仇敌。'正是这个意思。汤因为葛伯杀死这个孩子，就带领军队去征伐他。天下的百姓都说：'汤不是贪图天下的财富，是替无辜的百姓报仇啊！''汤第一次征伐，就从葛国开始。'前后共有十一次出征，没有能抗拒他的。他向东方去征伐，西夷人就抱怨；向南方去征伐，北狄人就抱怨。都说：'为什么把我们都放在后面呢？'天下的百姓仰望汤，就像大旱天气盼望时雨一样。汤军队所到的地方，市场上做生意的人，并不中途停止；田间除草的人，仍然不改变他们的工作；汤不过杀戮那残暴的国君，安抚那些受苦难的百姓，好比应时雨下降似的。因此，百姓皆大欢喜。所以《尚书》上说：'等候我君，我君一来，就不再受残暴的虐待了。'又说：'攸国不服，不肯做周朝的臣子，武王就领兵向东征伐，安抚那些受苦难的男女百姓。这些男女百姓把黑色的黄色的绸帛装在竹篮里，来欢迎说：'我们要继续来侍奉我们的周王，受他的庇荫，很乐意归顺伟大的周国。'当时，商朝的官吏将黑色和黄色的绸帛装在竹篮里，迎接武王的官吏；商朝的百姓用竹篮盛了饭菜，用壶装了酒浆，来迎接武王的士卒。因为武王拯救百姓于水深火热中，只除去残害他们的暴君罢了。《尚书·太誓》篇说：'我武王威武奋扬，攻伐商纣的疆土，只除去那残害百姓的暴君，杀伐的武功因此张大起来，比之商汤讨伐夏桀更有光彩呢。'不施行王政便罢了；如能施行王政，天下的百姓，都抬起头来仰望他，都要尊奉他做君长。齐楚两国虽然强大，还有什么可怕的呢？"

| 滕文公篇

名师赏析

　　其实,孟子的思想在每一篇章中都有贯串,这一篇,我们来重点说一说孟子的民本思想。"是故贤君必恭俭礼下,取于民有制""民事不可缓也""得志,与民由之"等句均是民本思想的体现。

　　孟子认为人民是国家与社会的根基,人民创造的财富是社会存在与发展以及统治者维持统治的基础。得民心者得天下,统治者只有得到百姓的支持与拥戴,才能巩固自己的统治,从而治理好国家。民本思想是中国儒家传统文化的重要内容,孟子把民本思想发展为一个相对完整的体系。尽管孟子是从统治阶级的利益出发的,但在当时的历史条件下仍具前瞻性,对现今社会有着重要的现实意义。

学习借鉴

好词

　　守望　狼藉　愧悔　漫溢　营窟

好句

* 君子之德,风也;小人之德,草也。草尚之风必偃。
* 苟行王政,四海之内皆举首而望之,欲以为君。

思考与练习

1.《滕定公薨》一文反映了孟子的什么思想?

2.《滕文公问为国》中,滕文公从孟子那里求得怎样的治国方略?反映了孟子的什么思想?

离娄篇

名师导读

本篇重点论述了君臣之道、家人相处之道。那么具体是怎么论述的呢？我们又即将学到什么深刻道理呢？带着这些期待，让我们一起走进《离娄篇》吧。

离娄之明

孟子曰："离娄①之明、公输子②之巧，不以规矩③，不能成方员④。师旷⑤之聪，不以六律，不能正五音。尧舜之道，不以仁政，不能平治天下。今有仁心仁闻而民不被其泽、不可法于后世者，不行先王之道也。故曰：'徒善不足以为政，徒法不能以自行。'《诗》云：'不愆不忘，率由旧章。'遵先王之法而过者，未之有也。圣人既竭目力焉，继之以规矩准绳，以为方圆平直，不可胜用也；既竭耳力焉，继之以六律正五音，不可胜用也；既竭心思焉，继之以不忍人之政，而仁覆天下矣。故曰：为高必因丘陵，为下必因川泽。为政，不因先王之道，可谓智乎？是以惟仁者宜在高位。不仁而在高位，是播其恶于众也。上无道揆也，下无法守也，朝不信道，工不信度。君子犯义，小人犯刑，国之所存者，幸也！故曰：城郭不完，兵甲不多，非国之灾也；田野不辟，货财不聚，非国之害也。上无礼，下无学，贼民兴，丧无日矣。《诗》曰：'天之方蹶，无

名师释疑

六律：古代十二个音律的阳律。即黄钟、太簇、姑洗、蕤宾、夷则、无射。

五音：宫、商、角、徵、羽。

然泄泄。'泄泄，犹沓沓也。事君无义，进退无礼，言则非先王之道者，犹沓沓也。故曰：责难于君谓之恭，陈善闭邪谓之敬，吾君不能谓之贼。"

注释

①离娄：古之目明者。
②公输子：即鲁班。
③规矩：圆曰规，俗谓圆规；方曰矩，俗谓曲尺。
④方员：即方圆。
⑤师旷：春秋时晋平公之乐太师，善知音律。

名师指津

音律指音乐的律吕、宫调等，也叫乐律。

译文

孟子说："就是有离娄的目力、鲁班的技巧，假使不用圆规和曲尺，也不能制成方圆的器具。师旷耳极聪，假使不用六律制定声音清浊高下，就不能订正五音。所以尧舜治理百姓，假使不行仁政，也就不能平治天下。今天做君长的，虽有仁爱的心、仁爱的声誉，百姓却没有受到他的恩德，不能使后代来效法，这都因为不能实行古圣王的仁政呢！所以说：'只有善心，不足以达成治道；只有法度，不能叫它自行。'《诗经》上说：'不要有过失，不要有遗忘，一切遵照古先圣王旧有的法度。'遵照古先圣王的法度，还会有过失，是从来没有过的。古时圣人已经用尽了眼力，又用那圆的规、方的矩、平的准、直的绳，做个方圆平直的法度，所以后世拿这个器具法度，就应用不尽了；已经用尽了耳力，又用那阴阳的六律六吕，做个订正五音的法度，所以后世拿这个音乐法度，就应用不尽了；已经用尽了心思，又用便民的法度，推行不忍人的仁政，所以圣人的恩德，普遍达及天下百姓了。所以说：堆高，必依借着丘陵；掘深，必依借着川泽。治理国家，不依照古先圣王的法度，可算是

名师指津

孟子主张推行王道平治天下，因此，他非常关注政治问题。而"仁政"是孟子设想实现"王道"的政治纲领。孟子认为统治者实行仁政就可以得到人民的衷心拥护。

明智吗？因此，只有存仁心的人应居在高位；假使没有仁心，却居高位，这是散播祸害到众人身上了。可见君上不用正道审度事理，臣下就没有法度可以遵守；朝廷大臣不信服义理，地方官吏就不信服法度。官吏触犯道义，百姓触犯刑章，这样国家还能存在，全是侥幸。所以说：城郭不坚固，军备不充足，并不是国家的灾患；田野没有开辟，物资没有储聚，也不是国家的患害。但是在上的国君不知道守礼义，在下的臣子不晓得学习法度，因此乱民趁机兴起，灭亡就离得不远了。《诗经》上说：'天意要颠覆这个国家，不要这样泄泄多言不振作了。''泄泄'，就是现在所说'沓沓'的意思。现在的臣子，事奉君上不依道义，进退周旋不依礼法，言论间又毁谤先王的教理，这就是所谓沓沓啊！所以说：要求君上做难做的正事，才叫作恭；陈述善道，闭止邪心，才叫作敬；如果推说我君不能行善，这叫作贼害他的君。"

名师指津

国防与民生是一个国家的两大国基。其实，没有国防就没有民生，国防是民生的基础。另外，一个国家的上层领导人应从知法、懂法、守法等方面做好表率，这样百姓就可以以之为楷模。

规　矩

孟子曰："规矩，方员之至①也；圣人，人伦②之至也。欲为君，尽③君道；欲为臣，尽臣道。二者皆法尧舜④而已矣。不以舜之所以事尧事君，不敬其君者也；不以尧之所以治民治民，贼其民者也。孔子曰：'道⑤二，仁与不仁而已矣。'暴其民甚⑥，则身弑国亡；不甚，则身危国削，名之曰'幽''厉'，虽孝子慈孙，百世不能改也。《诗》曰：'殷鉴⑦不远，在夏后之世。'此之谓也。"

名师释疑

幽、厉：古代为已故的国君取谥号，总结、评价其一生功过，带有一定的品评意思。幽、厉二字形容残暴的君主，贬义。

《诗》：此处指《诗经·大雅·荡》篇。

注释

①至：极，犹今标准。

②人伦：人类。

③尽：极，备。

④尧舜：古代帝王。
⑤道：指治民之道。
⑥暴其民甚：暴，残暴、暴虐。甚，过分。
⑦鉴：镜子。

译文

孟子说："规矩，是做方圆最好的标准；圣人，是人类最好的榜样。要想做国君，就要能够尽国君之道；要想做臣子，就要能够尽臣子之道。这两样都只要取法尧舜就可以了。不用舜事奉尧的道理去侍奉君，就是不尊重他的君；不用尧治理百姓的道理去治理百姓，就是残害百姓。孔子说'治理百姓，只有两条路，仁和不仁罢了。'假使国君过分残害他的百姓，就身死国亡；不过分的，本身也必遭受危险，国家弄得衰弱，当他身死以后，还被加上一个贬义的谥号，叫作'幽'或'厉'，即使后来有了孝子慈孙，就是经过一百代也不能改掉。《诗经》上说：'殷商的借鉴不是很远，夏代之后可以借鉴。'便是这个说法。现在的国君，也应该拿'幽''厉'作为镜子，借以警诫自己。"

三代之得天下也以仁

孟子曰："三代①之得天下也以仁，其失天下也以不仁。国之所以废兴存亡者亦然②。天子不仁，不保四海③；诸侯不仁，不保社稷④；卿大夫不仁，不保宗庙；士庶人不仁，不保四体⑤。今恶死亡而乐不仁。是由⑥恶醉而强酒⑦。"

名师指津
滕文公篇中有言"孟子道性善，言必称尧、舜"，足见孟子对尧舜之德推崇备至。

名师指津
解决之道就在于克制自己，战胜自己，不为外物所诱，而不可以任性，为所欲为。

注释

①三代：夏、商、周。禹、汤、文、武，以仁得之；桀、纣、幽、厉，以不仁失之。

②亦然：同，一样。

③四海：天下之代名词，犹言四方。

④社稷：土神曰"社"，谷神曰"稷"。社稷代指国家。

⑤四体：即四肢，代称全身。

⑥由：通"犹"，好像。

⑦强酒：勉强饮酒。

译文

孟子说："夏、商、周三代得天下，是由于有仁德；后来桀纣幽厉失天下，是由于没有仁德。就是诸侯各国的兴废存亡，原因也是如此。做天子不仁，就不能保有天下；做诸侯不仁，就不能保有国土；做卿大夫不仁，就不能保有祖庙；士人和百姓不仁，就不能保有自身。现在的诸侯，既厌恶身死，又恐怕国亡，却喜欢做不仁的事，就像怕吃醉酒还要勉强吃酒一样。"

名师指津

孟子直言当世，使听者明晰当前时政的缺漏。为官者理应恪守法规、正身为范，决不能损公肥私、自毁名誉。

爱人不亲

孟子曰："爱人不亲，反①其仁；治人不治，反其智；礼人不答，反其敬。行有不得者，皆反求诸己；其身正而天下归②之。《诗》③云：'永言配命，自求多福。'"

注释

①反：自反。即反省。
②归：归依之。
③《诗》：《大雅·文王》篇。

译文

孟子说："我爱人，人却不亲近我，我就要自反再尽我的仁爱；我治理人，人却不受我的治理，我就要自反再尽我的智能；我礼敬他人，人却不回答我，我就要自反再尽我的礼敬。凡是所做的事，有不能如己愿的，都从我自身检讨和反省，只要自身纯正，天下的人，自然都归依我了。《诗经》上说：'永远配合着天命，就能自己求得各种幸福。'"

名师指津

孟子是非常注重人的道德品质修养的，所以，他鼓励人们常常躬身自问，不断完善、提升自我。

为政不难

孟子曰："为政不难，不得罪于巨室①。巨室之所慕②，一国慕之；一国之所慕，天下慕之。故沛然③德教，溢④乎四海。"

注释

①巨室：世臣大家。
②慕：向往。
③沛然：盛大流行。
④溢：满。

译文

孟子说:"施行政命,并没有什么困难,只要修正己身,不得罪那些世臣大家。那些世臣大家所思慕的人,一国的人也会跟着思慕他。一国所思慕的人,天下的人也都会跟着思慕他。到了这样,所以他的道德教化便能盛大流行,充溢四海之内了。"

> **名师释疑**
> 思慕:思念自己敬仰的人。

天下有道

孟子曰:"天下有道,小德役[1]大德,小贤役大贤;天下无道,小役大,弱役强。斯二者,天[2]也。顺天者存,逆天者亡。齐景公曰:'既不能令,又不受命,是绝物也。'涕出而女[3]于吴。今也小国师大国而耻受命焉,是犹弟子而耻受命于先师也。如耻之,莫若师文王。师文王,大国五年,小国七年,必为政于天下矣。《诗》[4]云:'商之孙子,其丽不亿[5]。上帝既命[6],侯[7]于周服。侯服于周,天命靡常。殷士肤敏,祼将于京。'孔子曰:'仁不可为众也。'夫国君好仁,天下无敌。今也欲无敌于天下而不以仁,是犹执热而不以濯也。《诗》云:'谁能执热,逝不以濯?'"

注释

①役:服。

②天:自然之势。

③女:嫁。

④《诗》:此处指《诗经·大雅·文王》篇。

⑤其丽不亿:指数目不止十万。丽,数。

⑥上帝既命:上天命周有天下。

⑦侯:语气助词。

孟子选译

名师指津

不管逆顺都要遵循天道，顺从上天的意旨。这也是孟子的天命观，孟子认为，不管身何处时何地都要顺天命。

译文

孟子说："天下有道的时候，德行小的诸侯侍奉德行大的诸侯，才能小的诸侯侍奉才能大的诸侯。天下无道的时候，小国受大国的支配，弱国受强国的支配。这两种情形，都是自然的趋势。依顺自然，自能存在；违反自然，必定灭亡。所以齐景公当时受吴国威胁，不得已与吴国联姻，于是说：'我们既不能命令制服人，又不肯接受别人的命令，这是自绝于人啊。'只好流着眼泪，把女儿嫁到吴国去。现在呢，小国诸侯不修德图强，处处学习大国诸侯的荒淫行为，却又认为接受大国的命令是羞耻；这就像做了学生，却又认为受教于先生是羞耻的。如果认为接受大国的命令是羞耻的，那就不如效法文王施行仁政。果真效法文王，大国只要五年，小国只要七年，必定能把政令推行到天下了。《诗经》上说：'商朝的子孙，数目何止十万，但是天命周朝有天下，他们只好向周朝臣服。向周朝臣服，是因为天命没有一定的，总是归依有德的人。所以商朝的臣子，虽然是仪容俊伟，才思敏达，他们都要到京城来，行祼献的礼，帮助周天子祭祀。'后来孔子读这诗赞叹说：'遇着仁德的人，就是人多也没有用。'所以国君果能喜好仁德，天下就没有人能和他对抗了。现在的诸侯，都想做到天下没有对抗的人，却不肯施行仁政，这就像很热的人，却不肯洗浴一样。所以《诗经》上说：'谁能非常苦热，却不去洗浴呢？'"

不仁者

孟子曰："不仁者①可与言哉②？安其危而利其菑③，乐其所以亡者④。不仁而可与言，则何亡国败家之有？有孺子⑤歌曰：'沧浪之水⑥清兮，可以濯我缨⑦。沧浪之水浊兮，可以濯我足。'孔子曰：

'小子⁸听之！清，斯濯缨；浊，斯濯足矣。自取之也。'夫人必自侮⁹，然后人侮之；家必自毁，而后人毁之；国必自伐，而后人伐之。《太甲》曰：'天作孽，犹可违；自作孽，不可活。'此之谓也。"

◆ 名师释疑 ◆

《太甲》：《尚书》篇名，此篇又分为上、中、下三篇。

注释

①不仁者：无德之人。

②可与言哉：反问句，即不足以进忠言。

③蘖（zāi）：同"灾"，灾害。

④亡者：死去的人。

⑤孺子：童子。

⑥沧浪之水：湖北武当县西北汉水中有沧浪洲，汉水经其地，遂得名沧浪之水。

⑦缨：冠系。

⑧小子：通为幼弱之称。这里指孔子的弟子。

⑨侮：轻慢。

译文

孟子说："无德的人，怎能和他说仁义呢？他把危险的反当作安全可靠，灾害的反看成有利可图，又喜欢做那些亡国败家的事。这种人，还可以和他谈仁义，那又怎么会有亡国败家的事呢？从前有个童子唱道：'沧浪的水这么清啊，可以洗涤我的帽缨；沧浪的水这么浊啊，可以洗涤我的脏脚。'孔子听了，便向学生说：'你们听啊！水清，就用它来洗涤帽缨；水浊，就用它来洗涤脏脚。这都是那水自取的。'凡是一个人，必定自己先轻慢自己，人才轻慢他；一个大夫家，必定自己先去毁坏，然后人才毁坏它；一个国家，必定自己先去攻打，人才攻打它。《太甲》篇说：'上天降的灾祸，还可以逃避；自造的罪孽，那就活不下去了。'就是说的这种情形啊。"

桀纣之失天下也

孟子曰："桀纣之失天下也①，失其民也；失其民者，失其心也。得天下有道②：得其民，斯得天下矣。得其民有道：得其心，斯得民矣。得其心有道：所欲与③之聚之，所恶勿施，尔④也。民之归仁也，犹水之就下，兽之走圹⑤也。故为渊⑥驱鱼者，獭⑦也；为丛驱爵⑧者，鹯⑨也；为汤武驱民者，桀与纣也。今天下之君有好仁者，则诸侯皆为之驱矣。虽欲无王，不可得已。今之欲王者，犹七年之病求三年之艾⑩也。苟为不畜，终身不得。苟不志于仁，终身忧辱，以陷于死亡。《诗》云：'其何能淑？载胥及溺。'此之谓也。"

注释

①也：犹"者"。

②道：方法，原则。

③与：给与。

④尔：这样，如此。

⑤圹：通"旷"，空阔的原野。

⑥渊：深水。

⑦獭（tǎ）：水獭，喜食鱼类。

⑧为丛驱爵：丛，茂林。爵，同"雀"。

⑨鹯（zhān）：古书上的一种猛禽，似鹞，色青黄，勾嘴，喜击鸠鸽燕雀等食之。

⑩艾：草名。

译文

孟子说："夏桀、商纣失去了天下，是因为失去了人民。失去了人民，是因为失去了民心。由此可以知道，得天下是有方法的：能得到天下的人民，就可得到天下了。要得到天下的人民，也是有方法的：得到他们的心，就可得到人民了。要得到人民的心，也是有方法的：人民所需要的，把它聚集起来；人民所厌恶的，不要去施行罢了。人民归服仁人，就同水向低处奔流，兽向旷野驰走一样。所以帮着深水处赶鱼的是水獭；帮着丛林里赶雀的是鹯鹰；帮着汤武赶人民的是桀和纣啊。现在天下的国君，如果有爱好仁德的，这些诸侯就帮着他赶人民了；他就算不想称王天下，也不可能了。今天想称王天下的人，好像已生了七年的痼疾，还要找寻三年的陈艾，假使不马上储积，就一辈子也找不到。所以现在想王天下的人，如果不把志趣放在仁德上，便一辈子在忧愁耻辱中。《诗经》上说：'这些诸侯怎么会有好结果呢？他们只是共同地陷溺在死亡线上罢了。'说的就是这种情况啊。"

自暴者

孟子曰："自暴①者，不可与有言也。自弃②者，不可与有为也。言非③礼义，谓之自暴也；吾身不能居仁由义④，谓之自弃也。仁，人之安宅也；义，人之正路⑤也。旷⑥安宅而弗居，舍正路而不由，哀哉！"

注释

①暴：贼害。
②弃：抛弃。

③非：违背。
④居仁由义：居，安而处之。由，循而行之。
⑤正路：人所共由之路，即大道。
⑥旷：空。

译文

孟子说："自己残害自己的，不可和他谈论道理；自己放弃自己的责任，不可和他有所作为。他所说的，都是违背礼义，所以说他是自己残害自己。认为自身不能处仁行义，所以说他是放弃自己的责任。须知，仁是极安全的住宅，义是极正大的道路。现在的人，空着安全的住宅而不住，抛弃正大的道路而不走，真是可悲啊！"

名师指津

正人先正己，正己先修身。这对于现代的教育行业与政治领域仍是一个很好的鞭策。

居下位而不获于上

孟子说："居下位而不获于上①，民不可得而治也。获于上有道，不信于友，弗获于上矣。信于友有道，事亲弗悦，弗信于友矣。悦亲有道，反身不诚，不悦于亲矣。诚身有道，不明乎善，不诚其身矣。是故诚者，天之道也；思诚者，人之道也。至诚而不动②者，未之有也；不诚，未有能动者也。"

注释

①获于上：得到上级的信任。
②动：感应。

译文

孟子说:"在下位的人,得不到长官的信任,对那百姓就无法治理了。要得到长官的信任,有个方法:如不能取得朋友的信任,就不能得到长官的信任了。要得到朋友的信任,也有个方法:如侍奉父母,不能得到父母的喜悦,就不能得到朋友的信任了。而要得到父母的喜悦,也有个方法:如反省自身,不能有真实行善的心,就不能得到父母的喜悦了。反省自身,有真实行善的心,也有个方法:如果不明善的本性,就不能有真实行善的心了。所以这真实行善的心,就是天性中固有的道理。想做到真诚无伪,原是做人本然的道理啊!将真诚无伪做到了极点,还不能感动人,这是从来没有的事。如果没有真诚待人,那就绝没有感动人的道理。"

伯夷辟纣

孟子曰:"伯夷辟①纣,居北海之滨,闻文王作,兴曰:'盍②归乎来!吾闻西伯③善养老者。'太公④辟纣,居东海之滨,闻文王作,兴曰:'盍归乎来!吾闻西伯善养老者。'二老者,天下之大老⑤也;而归之,是天下之父归之也。天下之父归之,其子焉往?诸侯有行文王之政者,七年之内,必为政于天下矣。"

注释

①辟:同"避",躲避。
②盍:何不。
③西伯:即文王。
④太公:吕尚,即姜子牙。
⑤大老:父老的领袖。

名师指津

孟子在本小节中为了引出自己的论点,抽丝剥茧,层层深入,最终道出真诚的重要性。由为官者治理百姓的要理最终引出"真诚"的重要性。

译文

孟子说:"当初伯夷远避商纣之祸乱,住在北海的边上,听说文王兴起,便感动地说:'何不归到他这里来?我听说西伯最尊敬老人的。'太公也远避商纣之祸乱,住在东海的边上,听说文王兴起,便感动地说:'何不归到他这里来?我听说西伯最尊敬老人的。'这两位老者,高年硕德,是天下最伟大的老人,还来归附文王,就等于天下众人的父亲归附文王一样。天下众人的父亲都来归附文王,他的子女还会到哪里去呢?现在的诸侯,有能施行文王的仁政,不过七年之内,必定能推行他的政令于天下了。"

> **名师释疑**
> 硕德:指拥有大德的人。《晋书·隐逸传·索袭》:"索先生硕德名儒,真可以谘(zī)大义。"

求也为季氏宰

孟子曰:"求①也为季氏宰②,无能改于其德,而赋粟倍他日。孔子曰:'求,非我徒也,小子鸣鼓而攻之可也。'由此观之,君不行仁政而富之,皆弃③于孔子者也。况于为之强战?争地以战,杀人盈野;争城以战,杀人盈城。此所谓率土地而食人肉,罪不容于死。故善战者服上刑④,连诸侯者⑤次之,辟草莱⑥、任土地者次之。"

注释

①求:冉求,孔子的弟子。
②季氏宰:季氏,鲁卿季康子。宰,家臣。
③弃:绝。
④善战者服上刑:服,用也。上刑,重刑。
⑤连诸侯者:联结诸侯,如苏秦、张仪之类。
⑥辟草莱:辟,拓也。莱,草的总称。

译文

孟子说："从前冉求做季氏的家臣，不能改好季氏的政德；并且加倍征收百姓的赋税。孔子说：'求，不像是我的门徒，你们这些人敲着鼓宣布他的罪状，一齐指责他好了。'从这件事看来，国君不能施行仁政，做臣子的还替他求富，这都是被孔子所拒绝的。况且又替他恃强打仗。为着争夺土地打仗，就杀人满野；为争夺城池打仗，就杀人满城。这正所谓率领土地去吃人的肉，他们的罪，虽一死也不能塞其责呢。所以好战的人，应当用极刑；联结诸侯，兴起兵祸的人，罪减一等；开地垦荒，穷尽地力，增加打仗实力的人，再减一等。"

◀ 名师指津

人们为了一己私念就大肆杀戮，这种做法颠覆了人性与道德，其罪行不可原谅。

存乎人者

孟子曰："存乎人①者，莫良于眸子②。眸子不能掩③其恶。胸中正，则眸子了④焉；胸中不正，则眸子眊焉。听其言也，观其眸子，人焉廋⑤哉？"

◀ 名师释疑 ▶

眊（mào）焉：眼睛看不清楚。

注释

①存：观察。

②眸子：眼珠。

③掩：掩盖。

④了（liǎo）焉：了然。了，明了。

⑤廋（sōu）：隐藏。

85

名师指津

眼睛是人心灵的窗户，眼睛是最不能说谎的，透过眼睛我们可以了解一个人的心事与心思。

译文

孟子说："观察人的邪正，没有比观察人的眼珠更好了；眼珠不能遮掩他的恶念。心念正，眼珠就明亮；心念不正，眼珠就昏昧。听了他说的话，再看他的眼珠，人的邪正，哪里隐藏得过呢？"

君子之不教子

公孙丑曰："君子之不教子，何也？"

孟子曰："势不行也。教者必以正，以正不行，继之以怒；继之以怒，则反夷①矣。'夫子教我以正，夫子未出于正也。'则是夫子相夷也。父子相夷，则恶矣。古者易子而教之，父子之间不责善。责善则离②，离则不祥③莫大焉。"

注释

①反夷：反伤害情感。夷，伤。
②离：乖离，不和。
③不祥：非福。祥，福。

译文

公孙丑问道："君子不亲自教他的儿子，是什么缘故？"

孟子说："在情势上是行不通的。教子必用正道，如用正道教导他，他不听话，接着便要怒语相加。怒语相加，就反伤了情感。儿子反抗，却认为'父亲教训我用正道，父亲本身也不见得遵守正道呢。'这就使父子互伤感情了。父子互伤感情，那就糟透了。所以古人宁愿和别人交换儿子教导，父子之间不用善道互相责备。如用善道相责，就使亲情伤离而不和了。亲情不和，非福的事，没有比这更大了。"

事孰为大

孟子曰："事，孰为大？事亲为大。守，孰为大？守身[1]为大。不失其身而能事其亲者，吾闻之矣；失其身而能事其亲者，吾未之闻也。孰不为事？事亲，事之本也。孰不为守？守身，守之本也。曾子养曾晳[2]，必有酒肉；将彻[3]，必请所与；问有余，必曰：'有。'曾晳死，曾元[4]养曾子，必有酒肉；将彻，不请所与；问有余，曰：'亡矣。'将以复进也。此所谓养口体者也。若曾子，则可谓养志也。事亲若曾子者，可也。"

名师指津
儒家伦理道德建立在情感上，故家庭以情感为主。假如家人不睦，则非家庭之福。

名师指津
这段话告诉我们，守护自身的善性最重要。

名师释疑
亡：通"无"，没有。

注释

①守身：持守其身，使不陷于不义也。
②曾晳：名点，曾子的父亲，也是孔子的学生。
③彻：拿走。
④曾元：曾子的儿子。

译文

孟子说："侍奉尊长的，以哪一种为最重要？当以侍奉父母为最重要。保守正道的，以哪一种为最重要？当以保守自身为最重要。不亏损自身，而能侍奉父母的，我听说过；如果亏损自身，还能侍奉父母，我从没有听说过。天下的人，哪个不侍奉尊长呢？侍奉父

87

母，就是侍奉尊长的根本；哪个不保守正道呢？保守自身，就是保守正道的根本。从前曾子奉养他的父亲曾晢，每餐必定有酒有肉，待要把剩菜撤除的时候，一定要请问给谁吃。曾晢问：'还有多的没有？'曾子必定说：'有。'曾晢死了，曾元奉养曾子，每餐也必有酒有肉，待要把剩菜撤除的时候，并不请问给谁吃。曾子问，'还有多的没有了？'曾元说：'没有。'是想一再把剩余的当作第二餐进上来啊，这就是奉养父母的口腹罢了。像曾子，才可称得奉养父母的心意了。所以侍奉父母，要像曾子这样，才算可以呢！"

人不足与适也

孟子曰："人不足与适①也，政不足与间②也。唯大人③为能格④君心之非。君仁，莫不仁；君义，莫不义；君正，莫不正。一正君而国定矣。"

注释

①适（zhé）：通"谪"，责备。
②间：批评。
③大人：大德之人。
④格：正。

译文

孟子说："国君用人不当，不必指责他；行政不当，也不必非难他。只有大德的人，才能感化他，改正他心理上的错误。如果国君重仁德，在下的人，就没有谁不重仁德；国君守正义，在下的人，

名师指津

曾子素来以"孝道"著称。曾子为儒家学派重要代表，是孔子早期的弟子。他的以"孝"为本的孝道观至今仍具有其宝贵的社会意义与现实价值。

名师指津

体现了儒家正君心的思想内容，反映了孟子的民本思想。

名师释疑

非难：指批评责难。《吕氏春秋·慎行》："莫不非难令尹。"

就没有谁不守正义；国君行直道，在下的人，就没有谁不行直道。只要把国君心理上的错误纠正过来，天下就安定了。"

子之从于子敖来

孟子谓乐正子曰："子之从于子敖来，徒铺啜①也。我不意②子学古之道而以铺啜也。"

注释

①徒铺（bù）啜（chuò）：只是求饮食而已。铺，食。啜，饮。
②不意：没有料想到。

译文

孟子对乐正子说："你跟随子敖到齐国来，只是贪图一些吃喝罢了。我没有料到你学习古先圣王的大道理，反用来贪图这些吃喝。"

名师指津

求学之道是一个艰苦的过程，口腹之欲是我们求学之路上的一大阻碍。在当今社会，如乐正子一样的人不在少数。唯有战胜口腹之欲，方能在求学之路上坚毅前行。

不孝有三

孟子曰："不孝有三①，无后为大。舜不告②而娶，为无后也，君子以为犹告也。"

注释

①不孝有三："于礼有不孝者三事：阿意曲从，陷亲不义，一不孝也；家贫亲老，不为禄仕，二不孝也；不娶无子，绝先祖祀，

名师指津

体现了儒家思想中的敬天、敬祖、保民的思想。儒家认为国之大事就是祭祀，祭祀在于祭祀天地与祖宗，没有后代，何谈祭祖之说，如此一来，国家必亡矣。

三不孝也。"

②不告：不禀告父母。

译文

孟子说："不孝的罪有三种，没有后嗣是最大的不孝。舜不禀告父母来娶妻，为的是怕没有后嗣；如舜要禀告，恐怕父母执拗不允许。所以君子认为不禀告和禀告是一样合礼的。"

仁之实

孟子曰："仁之实①，事亲是也；义之实，从兄②是也；智之实，知斯二者弗去是也；礼之实，节文斯二者是也；乐之实，乐斯二者，乐则生矣；生则恶可已也，恶可已，则不知足之蹈之，手之舞之。"

名师指津
孟子认为能恭敬地遵循礼仪侍奉父母，是礼的实质之一。

注释

①实：实质。
②从兄：顺从兄长。

译文

孟子说："仁爱的实质，就在侍奉父母上表现出；义理的实质，就在敬顺兄长上表现出；智慧的实质，就在于明白在这两件事情上坚持下去；礼法的实质，就表现在节制和修饰这两件事上，做得恰到好处；音乐的实质，就在对这两件事感到快乐，既感到快乐，那爱亲敬长的心便发生了；这种快乐的发生，自是不可遏止，遏止不住，就在不知不觉间手舞足蹈起来。"

> 名师释疑
> 手舞足蹈：双手舞动，两只脚也跳了起来。形容高兴到了极点。

天下大悦

孟子曰："天下大悦，而将归己；视天下悦而归己，犹草芥①也，惟舜为然。不得②乎亲，不可以为人；不顺乎亲，不可以为子。舜尽事亲之道而瞽瞍③厎豫④；瞽瞍厎豫而天下化⑤；瞽瞍厎豫而天下之为父子者定，此之谓大孝。"

注释

①草芥：草。用来比喻轻贱之物。
②得：承顺父母，以得到他们的欢心。
③瞽瞍：舜的父亲。
④厎（dǐ）豫：厎，致使。豫，欢乐。
⑤化：跟从教化。

译文

孟子说："天下百姓都极高兴，将要来归顺他；他看天下百姓将要来归顺他这件事，就像草芥一样的轻微，只有舜能够如此。舜以为不能得着父母的欢心，就不可以做人；不能承顺父母的心，就不可以做人子。舜能竭尽事父母的孝道，终使瞽瞍感动，得到了快乐。使瞽瞍得到了快乐，天下的百姓也都受到了感化。便知做父亲的应当慈爱，做子女的应当孝顺，这是一定不移的道理，所以舜称作大孝。"

> 名师指津
> 这句话仍然是儒家思想中"孝道"思想的体现，父慈子孝，家庭才能和睦，社会才能和谐，人类才能更好地发展。

舜生于诸冯

孟子曰："舜生于诸冯，迁于负夏，卒于鸣条①，东夷之人也。文王，生于岐周，卒于毕郢②，西夷之人也。地之相去③也，千有馀里；世之相后也，千有馀岁。得志行乎中国，若合符节④。先圣后圣，其揆⑤一也。"

> **名师释疑**
>
> 东夷：又称夷，不同时期所指不同。早期东夷是华夏族的一个重要组成部分。而周朝时的东夷则变成古汉族对东方非华夏民族的泛称。《礼记·王制》："东曰夷、西曰戎、南曰蛮、北曰狄。"下文的"西夷"指我国古时西部地区的部族。

注释

①诸冯、负夏、鸣条：都是地名，无法确指。

②毕郢：地名。在今陕西省西安、咸阳间。又称"咸阳原"，周文王、周武王、周公走葬于此。

③相去：即相距。

④符节：以玉为之，篆刻文字，而中分之，彼此各藏其半。有故，则左右相合以为信也。若合符节，以为同也。

⑤揆：度。

译文

孟子说："舜生在诸冯地方，后来迁居负夏，最后死于鸣条，他是东方边夷的人。文王生在岐周地方，后来死在毕郢，他是西方边夷的人。他们两人，就地理来说，彼此相距的一千多里；就时代来说，舜是在三代，文王是在周朝，彼此也相差一千多年。但是两个人得志，能行其道于中国，是完全相符合的。可见，无论是先前的圣人，或是后来的圣人，他们度量事理，所行的道，都是一样的。"

子产听郑国之政

子产①听郑国之政，以其乘舆济人于溱洧②。孟子曰："惠而不知为政③。岁十一月④，徒杠⑤成；十二月，舆梁⑥成，民未病涉⑦也。君子平其政⑧，行辟人可也，焉得人人而济之？故为政者，每人而悦之，日亦不足⑨矣。"

名师释疑

辟人：古代上层人物出行，在前面鸣锣开道的人。

注释

①子产：姓公孙，名侨，春秋时郑国贤大夫。
②溱洧（zhēn wěi）：两条河的名字。
③惠而不知为政：惠，指私恩小利。政，公平正大之礼，纲纪法度之施。
④十一月：相当于现在的九月。
⑤徒杠：独木桥。
⑥舆梁：可行车的桥梁也。梁，桥。
⑦病涉：以涉为苦。病，苦。
⑧平其政：将政事治理稳妥。平，治。
⑨日亦不足：时间不够。

译文

当初子产治理郑国的政治，用自己坐的车子在冬天载百姓渡溱、洧二水。孟子说："这是小惠，却不知施政的大体。每年十一月趁农事完毕时，先把人行桥修好；到十二月，再把通行车辆的桥修好，这样百姓自然不会苦于赤足渡水了。在上位的人，只要将政事办理妥善，出行的时候，叫百姓回避都可以，怎能用自己的车子渡尽每个人呢？所以施政的人，只是想用小惠讨好每个人，就是每天这样做，也来不及呀。"

名师指津

此句依然是孟子"民本"思想的体现。孟子认为农事是大事，这是在孔子的儒家思想上的一个重要发展。

君之视臣如手足

孟子告齐宣王曰："君之视臣如手足，则臣视君如腹心；君之视臣如犬马，则臣视君如国人①；君之视臣如土芥②，则臣视君如寇仇③。"

王曰："礼，为旧君有服④，何如斯可为服矣？"

曰："谏行言听，膏泽⑤下于民；有故而去，则君使人导之出疆，又先于其所往；去三年不反，然后收其田里⑥：此之谓三有礼焉。如此，则为之服矣。今也为臣，谏则不行，言则不听，膏泽不下于民；有故而去，则君搏执之，又极之于其所往；去之日，遂收其田里：此之谓寇雠。寇仇，何服之有？"

名师释疑
田禄：先秦卿大夫的俸给来自采地或公田，故称田禄。

名师指津
君臣如镜子。一国之君对待臣子的态度，决定了臣子对待国君的态度。

名师指津
孝服就是居丧时穿的白布或麻布丧服。古人有一套严格的丧服制度，《仪礼·丧服》对此有专门规定：丧服由重至轻，有斩衰（cuī）、齐（zī）衰、大功、小功、缌（sī）麻五个等级，称为五服。五服分别适用于与死者亲疏远近不同的各种亲属，每一种丧服都有特定的居丧服饰、居丧时间与行为约束的意义。

注释

①国人：路人。
②土芥：土和草。
③寇仇：敌人。
④有服：穿仪礼丧服。
⑤膏泽：恩泽。
⑥田里：田禄、里居。

译文

孟子向齐宣王说："人君看待臣子像手足，臣子就看待人君像腹心；人君看待臣子像犬马，臣子就看待人君像路人；人君看待臣子像土芥，臣子就看待人君像敌人。"

宣王说："《礼经》上说：凡是事过君的臣子，应替旧君穿孝服三个月。君主怎样做，旧臣才会替他穿孝服呢？"

孟子说："臣子进谏时便采用，臣子建议时便听从，因此，使恩惠施及到百姓身上去。当他有事要离开本国时，便派人领导他出境，又先在他所到的地方宣扬他；等他去国三年不回来，然后才收回他的田禄和里居：这是对臣子做了三件有礼的事。这样，就应替旧君穿孝服。现在做臣子，有进谏并不采用，有建议并不听从，不能使恩施及百姓身上；当他有事离开本国，人君就派人押着他离境，又派人在他所要去的国家尽量地破坏，使他陷于绝境；他一离开，就收回他的田禄里居：这样，就叫作敌人。既是敌人，还有什么孝服可穿呢？"

中也养不中

孟子曰："中①也养不中②，才③也养不才，故人乐有贤④父兄也。如中也弃不中，才也弃不才，则贤不肖⑤之相去⑥，其间<u>不能以寸</u>。"

> **名师释疑**
>
> 不能以寸：不能以寸衡量。

注释

①中：全。即大全中正之道。
②不中：偏而不全。一有所偏，则入邪道。
③才：俊才。
④贤：贤明。
⑤不肖：不贤。
⑥相去：相距。

译文

孟子说:"合于中道的人应教养不合中道的人,有才能的人应教导没有才能的人,所以人都喜欢有个贤父兄。假如合于中道的父兄,弃绝不合中道的子弟,有才能的父兄弃绝没有才能的子弟,那么,贤和不贤,便相差无几,中间距离最多不到一寸罢了。"

名师指津

这一段话不仅阐述了孟子社会教育的观点,还涉及家庭教育。孟子认为,父兄等成年人有教育未成年人的责任。

仲尼亟称于水

徐子①曰:"仲尼亟②称于水,曰:'水哉!水哉③!'何取于水也?"

孟子曰:"源泉混混④,不舍⑤昼夜。盈科⑥而后进,放乎四海⑦。有本⑧者如是,是之取⑨尔。苟为无本,七八月之间雨集,沟浍皆盈;其涸也,可立而待也。故声闻过情,君子耻之。"

注释

①徐子:名辟。孟子的弟子。

②亟:屡次。

③水哉水哉:欢美之辞。

④源泉混混:源泉,即有源之水。混混,水不断涌出的样子。

⑤舍:止。

⑥盈科:盈,满。科,坎。

⑦放乎四海:放,至。四海,四方。

⑧本:水之源。泉水有源,久流不竭。

⑨取:选择。

译文

徐子问孟子道:"从前孔子历次称赞水说:'水啊!水啊!'为什么取意在水呢?"

孟子说:"有源的水,滚滚地涌出来,日夜不停地流着,等到流满了坑陷,然后再继续向前行,一直流到海里去。有本源的就像这样,所以这点便可取啊。假使是没有本源的水,那就像七八月间大雨骤然地注集,田间大小水沟都涨满了,但雨一停止,它干涸极快,可以站在旁边等待着的。所以虚名超过了实际,君子认为是可耻的。"

人之所以异于禽兽者

孟子曰:"人之所以异于禽兽者,几希①。庶民去之,君子存之。舜明于庶②物,察于人伦③,由仁义行,非行仁义也。"

注释

① 几希:微少。
② 庶:众。
③ 察于人伦:察,知。伦,序、理。

译文

孟子说:"人和禽兽不同的地方,只在极微少的一点;就是人的天性具有仁义罢了。众人不知仁义,往往把它抛弃掉,君子是随时知道仁义可贵而保存它。大舜能明辨一切事物的理性,察知做人的大道,完全顺着天性的仁义去做,并不是认为仁义有利于己而勉强去做。"

名师指津

孟子主张的是"有源之水"的本性,即有永不枯竭的安身立命之本,有求真务实的人生态度,有为远大目标而不断进取、自强不息的高尚情怀;反对的是"无本之水",即名誉声望与自己的实际情况不符的沽名钓誉的现象。一个人要想成功,就要有安身立命之本,有求真务实的人生态度。

逢蒙学射于羿

名师释疑

逢（páng）蒙：羿的学生和家众，后来叛变，帮助寒浞杀了羿。

逢蒙学射于羿，尽羿之道。思天下惟羿为愈己，于是杀羿。孟子曰："是亦羿有罪焉。"

公明仪曰："宜若无罪焉。"

曰："薄乎云尔，恶得无罪？郑人使子濯孺子①侵卫，卫使庾公之斯②追之。子濯孺子曰：'今日我疾作，不可以执弓，吾死矣夫！'问其仆曰：'追我者谁也？'其仆曰：'庾公之斯也。'曰：'吾生矣。'其仆曰：'庾公之斯，卫之善射者也；夫子曰吾生，何谓也？'曰：'庾公之斯学射于尹公之他，尹公之他学射于我。夫尹公之他，端人也，其取友必端矣。'庾公之斯至，曰：'夫子何为不执弓？'曰：'今日我疾作，不可以执弓。'曰：'小人学射于尹公之他，尹公之他学射于夫子。我不忍以夫子之道反害夫子。虽然，今日之事，君事也；我不敢废。'抽矢，扣轮，去其金，发乘矢而后反。"

名师指津

交友不可不谨慎。在与人打交道时，应该择善而从，不应该交往那些品行不端的人。孟子认为羿有罪过，也是基于此。某种意义上，羿被杀害，他的交友不当也是其中的一大原因。社会高速发展的今天，不少领导在选拔任用干部时，也不免有"羿之过"。他们喜欢那些终日阿谀奉承自己的人，到头来往往自食其恶果。

注释

①子濯孺子：郑大夫。
②庾公之斯：卫大夫。

译文

逢蒙随着羿学习射箭，把羿的射法完全学会。他想天下人只有羿的本领胜过他，于是就杀死羿。孟子说："这件事，羿也有罪。"

公明仪说："羿似乎是没有罪的。"

孟子说："他的罪不过比逢蒙轻微些，怎能没有罪呢？当初郑人派将领子濯孺子暗地里打卫国，卫国即派庾公之斯追他。子濯孺

98

子说:'今天我旧病又发作,不能拿弓,我只得等死了。'因问他的车夫说:'追我的是什么人?'车夫说:'是庾公之斯。'子濯孺子说:'那我可以活命了。'御人说:'庾公之斯,是卫国最会射箭的人,夫子却说那我可以活命,这是怎么说的呢?'子濯孺子说:'庾公之斯学射箭于尹公之他,尹公之他学射箭于我;尹公之他,是个正派人,他择交朋友,一定是正派的。'庾公之斯追到了,便问道:'夫子为什么不拿弓?'子濯孺子说:'今天我旧病又发作,不能拿弓。'庾公之斯说:'小人跟尹公之他学射箭,尹公之他跟夫子学射箭,我不忍心用夫子所教的射法,反伤害夫子。虽是这样,今天的事,是奉君命的公事,我不能徇私情而废公事。'于是抽出箭来,磕在车轮上,把锋利的箭头折去,向空中射了四箭,然后回去。"

天下之言性也

孟子曰:"天下之言性①也,则故②而已矣。故者,以利③为本。所恶于智者,为其凿④也。如智者若禹之行水也,则无恶于智矣。禹之行水也,行其所无事也;如智者,亦行其所无事,则智亦大矣。天之高也,星辰之远也,苟求其故,**千岁之日至**,可坐而致也。"

名师释疑

千岁之日至:指冬至。日至,冬至、夏至。

注释

①性:本性。
②则故:则,效法。故,已然之迹。
③利:顺。语其自然之势。
④凿:穿凿,造作。

译文

孟子说:"天下人要研究万物的本性,只要能推求其所以然便是了。这已然的迹象,必须以自然为本。讨厌那些小聪明的人,他们专好违反自然,都是穿凿附会,出自私意的。如果聪明人能像禹引水流行一样,我就不会讨厌他们了。禹引水流行,全是顺着水的自然趋势,好像没有这件事情一样。如果聪明的人也能顺着自然的趋势,如同禹行水到了没有这件事情一样,那么他的聪明也够大了。譬如天是那样的高,星辰是那样的远,假使求着它运行的常轨,虽是千年之后的冬至,都可以坐着推算出来的。"

名师释疑

穿凿附会:非常牵强地解释,把讲不通的或毫不相干的道理、事情硬放在一起进行解释。

名师指津

孟子认为人必须顺应天命,"顺天者昌,逆天者亡",四时是不变的,更是不可违抗的。

君子所以异于人者

孟子曰:"君子所以异于人者,以其存心①也。君子以仁存心,以礼存心。仁者爱人,有礼者敬人。爱人者,人恒爱之;敬人者,人恒敬之。有人于此,其待我以横逆②,则君子必自反③也:'我必不仁也,必无礼也,此物④奚宜至哉?'其自反而仁矣,自反而有礼矣,其横逆由⑤是也,君子必自反也:'我必不忠。'自反而忠矣,其横逆由是也,君子曰:'此亦妄人⑥也已矣!如此,则与禽兽奚择⑦哉?于禽兽又何难焉?'是故君子有终之忧,无一朝之患也。乃若所忧则有之:舜,人也;我,亦人也。舜为法于天下,可传于后世,我由未免为乡人也,是则可忧也。忧之如何?如舜而已矣。若夫君子所患则亡矣。非仁无为也,非礼无行也。如有一朝之患,则君子不患矣。"

离娄篇

注释

①存心：在心，即省察其心。
②横逆：谓强暴不顺理。
③自反：自我检讨。
④物：事。
⑤由：与"犹"同。
⑥妄人：妄作之人，无知者。
⑦奚择：有何分别。

译文

孟子说："君子所以不同于人的地方，因为他常反省自己。君子常用仁来省察自己，用礼来省察自己。仁德的人，就能爱人；讲礼的人，就能敬人。能爱人的，人也常爱他；能敬人的，人也常敬他。假使有个人在这里，他以强横态度来对待我，君子就必反问自己：'我一定有不仁的地方，或有无礼的地方，不然这件事怎会落到我的身上？'等到自反合乎仁了，自反也有礼了，那他的强横态度仍然不变，君子又必反问自己：'我一定还有不尽忠的地方。'等到自己反省也尽忠了，那他的强横态度仍然不变，君子这时才感慨地说：'他不过是一个妄诞的人。这样，和禽兽有什么分别呢？对于禽兽，又何必计较呢？'所以君子有一生的忧愁，没有一旦的祸患。而君子这样的忧愁是有的：舜是人，我也是人，舜为天下做好榜样，可以流传到后代，我还不免做个乡巴佬，这才是值得忧愁的。忧愁又怎么办呢？我要尽力做到像舜一样。至于别的忧愁，君子是没有的。除仁德的事，是不去做的；除礼义的事，是不去行的。倘若有突然来临的祸患，那不是自己的过错，君子坦然地就不以为祸患。"

名师指津

在成长过程中，我们也要学会经常反省。反省可以帮助我们少走一些弯路；反省能使我们变得更加清醒；反省能使我们变得更加成熟。

禹、稷当平世

禹、稷当平世①，三过其门而不入，孔子贤②之。颜子当乱世③，居于陋巷，一箪食，一瓢饮，人不堪其忧，颜子不改其乐，孔子贤之。孟子曰："禹、稷、颜回同道④。禹思天下有溺者，由己溺之也；稷思天下有饥者，由己饥之也。是以如是其急也。禹、稷、颜子，易地则皆然。今有同室之人斗者，救之，虽被发缨冠⑤而救之，可也；乡邻⑥有斗者，被发缨冠而往救之，则惑⑦也；虽闭户可也。"

名师指津
禹思天下溺者、稷思天下饥者正是发于孟子所说的人之善性四端中的"恻隐之心"的仁爱本性。

注释

①禹、稷当平世："三过其门不入"是禹的事例而稷也因之受名。平世，治平有道之世。
②贤：善，作动词用，有赞美的意思。
③乱世：战乱无道之世。
④同道：同致力于仁善之道。
⑤被发缨冠：被，同"披"，谓披散其发。缨，冠系。
⑥乡邻：同乡。
⑦惑：迷乱。

名师释疑
后稷：姬姓，名弃，黄帝玄孙。尧舜时期掌管农业之官，是周朝始祖。

稼穑：种植与收割，泛指农业劳动。

译文

夏禹、后稷的太平时代，后稷忙着稼穑，夏禹忙着治水，禹三次经过家门，都没进去，孔子很称赞他们；颜子当着春秋的混乱时代，住在狭小的巷子里，每日吃一小篮的饭，喝一小瓢的水，在他人早受不了这种困苦，颜子还是不改变他的乐趣，孔子也很赞赏他。孟子说："夏禹、后稷和颜子的目的，都是相同的。夏禹想天下有淹溺在水里的人，如同自己把他们淹在水里一样；后稷想天下有受饥饿的人，如同自己使他们受饥饿一样。所以才像这样的着急呢。夏禹、后稷和颜回，假使彼此交换个地位，都会依照自己的地位去做的。譬如现在有同住一所房子的人打架了，要去劝阻他们。虽是披散头发，连帽缨塞在帽里顶在头上，急忙地去劝阻，也是应该的。不过，如有同住一乡的人打起架来，也是披散头发，连帽缨塞在帽里顶在头上，急忙地去劝阻，那就不免迷惑了。这种情形，就是关着门不管，也是可以的。"

匡 章

公都子曰："匡章，通国皆称不孝焉，夫子与之游，又从而礼貌之。敢问何也？"

孟子曰："世俗所谓不孝者五：惰其四支，不顾父母之养，一不孝也；博奕①，好饮酒，不顾父母之养②，二不孝也；好货财，私妻子，不顾父母之养，三不孝也；从③耳目之欲，以为父母戮④，四不孝也；好勇斗很⑤，以危父母，五不孝也。章子有一于是乎？夫章子，子父责善而不相遇也。责善，朋友之道也；父子责善，贼恩之大者。夫章子，岂不欲有夫妻子母之属哉？为得罪于父，不得近，出妻屏子，终身不养焉。其设心以为不若是，是则罪之大者。是则章子已矣。"

❀ 名师释疑 ❀

贼恩：伤害天性之恩。

注释

①博奕：赌博下棋。

②养：奉养，供养。

③从：通"纵"，放纵。

④戮：羞辱。

⑤很：同"狠"，暴戾，凶狠，残忍。

译文

公都子问孟子道："匡章这个人，全国的人都说他不孝，夫子却同他来往，又用礼貌对待他，请问这是什么意思呢？"

孟子说："世俗所说不孝的事有五种：手脚懒得劳动，不肯做事，不顾供养父母，这是第一种不孝；喜欢赌博围棋，爱好喝酒，不顾供养父母，这是第二种不孝；贪恋货财，私心妻儿，不顾供养父母，这是第三种不孝；放纵耳目之欲，嗜好声色，致使父母受辱，这是第四种不孝；倚恃勇力，喜欢和人家打斗争讼，致危害到父母，这是第五种不孝。章子在这五种不孝中，犯哪一样呢？那章子枉受不孝之名，是由于儿子要求父亲从事正道，以致意见不合。用善道相责，是处朋友的道理。父子间相责为善，是最伤害天性的恩情。章子难道不想有夫妻子母的天伦之乐吗？只因得罪了父亲，不得近身奉养，只好休退妻子，远离亲子，一辈子不受妻子的奉养。他的用心是：如果不这样做，那罪过更大了。这是章子的坦白的态度，他实在了不起。"

曾子居武城

曾子居武城①，有越寇②。或曰："寇至，盍去诸？"曰："无寓人于我室，毁伤其薪木。"寇退，则曰："修我墙屋，我将反。"寇退，曾子反。左右曰："待先生如此其忠且敬也。寇至，则先去以为民望；寇退，则反。殆于不可？"沈犹行③曰："是非汝所知也。昔沈犹有负刍④之祸，从先生者七十人，未有与焉。"

子思居于卫，有齐寇。或曰："寇至，盍去诸？"子思曰："如伋去，君谁与守？"

孟子曰："曾子、子思同道。曾子，师也，父兄也；子思，臣也，微也。曾子、子思，易地则皆然。"

名师指津

我们在交友的过程中，不要人云亦云，根据世俗的眼光而去评判一个人。我们可以根据自己的智慧去独自做出判断，然后择善而交即可。

名师释疑

天伦之乐：泛指家庭的乐趣。天伦，旧时指父子、兄弟等亲属关系。

离娄篇

注释

①武城：鲁辖邑名，在今山东费县西南。
②越寇：越兵攻鲁。
③沈犹行：曾子的弟子，姓沈犹，名行。
④负刍：人名。

译文

曾子住在鲁国的武城，有越国兵来侵略。有人对曾子说："敌兵快来了，何不离开呢？"曾子便吩咐看守屋子的人说："不要让他人寄住在我学舍里，免得弄坏了花木。"等到敌兵要退了，曾子说："把我的屋墙修理修理，我要回来了。"敌人退去，曾子回到武城。学生们私自议论说："武城的邑宰待先生这样的忠诚和尊敬，那敌兵一到，就先走避，做个不好样子给百姓看。敌兵一退，就回来了。这于情理上似乎不可以吧。"有个学生沈犹行说："这不是你们所了解的。从前我沈犹氏家里，有个叫作负刍的人作乱，这时候随先生住在我家中有七十个人，全都跟先生走了，没有一个参加这事的。"

子思住在卫国，有齐国兵来侵略，有人对子思说："敌兵快来，何不离开此地呢？"子思说："假使我孔伋走了，还有哪个和卫君共守国家呢？"

孟子评论说："曾子、子思是同道的：曾子是师长，处于父兄的地位，可以避开；子思是臣子，处在卑微的地位，不可离开。如果曾子、子思调换了一个地位，两人都会照自己应行之事去做的。"

名师指津

国家兴亡，匹夫有责。我们青少年要有这种社会荣辱观，为了国家的兴盛而努力，在国家遇到危难的时候我们要挺身而出。

齐人有一妻一妾

齐人有一妻一妾[1]而处室者，其良人[2]出，则必餍[3]酒肉而后反[4]。其妻问所与饮食者，则尽富贵[5]也。其妻告其妾曰："良人出，则必餍酒肉而后反；问其与饮食者，尽富贵也。而未尝有显者[6]来。吾将瞷[7]良人之所之也。"

蚤[8]起，施[9]从良人之所之，遍国中无与立谈者。卒之东郭墦间，之祭者，乞其馀；不足，又顾而之他——此其为餍足之道也。

其妻归，告其妾曰："良人者，所仰望而终身也。今若此！"与其妾讪其良人而相泣于中庭。而良人未之知也；施施从外来，骄其妻妾。

由君子观之，则人之所以求富贵利达者，其妻妾不羞也，而不相泣者，几希矣！

注释

①妻妾：俗言妻为大老婆，妾为小老婆。

②良人：丈夫。

③餍：饱。

④反：同"返"，回。

⑤尽富贵：都是富贵的人。

⑥显者：即富贵人。

⑦瞷：窃视。

⑧蚤：同"早"。

⑨施：通"迤"，斜行。

名师指津

通过齐人对妻子夸口，树起一个极度膨胀的典型形象。

名师释疑

东郭：东边的城墙。

[离娄篇]

译文

　　齐国有一个人娶了一妻一妾，同住在家中，这个丈夫每次出去，必定吃饱了酒肉才回来。他妻子问他和什么人在一块吃喝，他说都是些富贵的人，于是妻子告诉妾说："我们的丈夫一出去，必定吃饱了酒肉才回来，问他和些什么人在一块吃喝，他说尽是富贵的人。可是从来没有富贵的人来过我家，我倒想偷偷地看他到些什么地方去。"

　　于是第二天早上，妻子斜着身子远远地跟着她丈夫走，走遍了全城，没见一个人和她丈夫谈话。最后走到东门城外的墓地，见丈夫向那上坟的人讨些剩下来的酒肉吃，这里吃得不够，又左顾右盼，走到别处上坟的人那里去讨——这就是他吃饱酒肉的方法了。

　　妻子回来告诉妾说："丈夫是我们依靠一辈子的人，哪里想到他竟然这样的没出息。"便和妾痛骂那丈夫，并相对着在堂前哭泣。可是那丈夫还不晓得怎么一回事，仍然得意扬扬地从外面走进来，骄傲地向妻妾炫耀。

　　由君子看来，这世间有些人用来求升官发财的办法，若是他的妻妾看见了，还不觉得羞耻，不相对哭泣，那实在太少了啊。

名师指津

讽刺了那些觊觎富贵利达而抛弃人格尊严、进行狡诈欺骗的无耻之徒，揭露了他们道貌岸然而内心肮脏的本性。

孟子选译

名师赏析

从《离娄》开始，属于《孟子》的下半部分。《离娄》继承了孔子著《春秋》的精神，具体而微、深入又广阔地阐释了中华悠久的文化传统。本篇以短节居多，内容涉及政治、历史、教育和个人立身处世等诸多方面。

本篇重点谈了孟子的孝道思想。孟子有言："事亲，事之本也。"古人有云："百善孝为先。"孝者，至天下之致，成天下之成，美天下之美。孝是一种传统，更是一种责任，孝者重长辈之意，孝者稳定伦常。在历史的长河中，孝起源于母系氏族时代，为了氏族的生存与延续产生"孝道"的观念。孟子继承了先人的孝道思想，并在此基础之上有所发展。孟子认为，作为子女要对父母"事之以礼"，不仅要在物质与精神上孝敬自己的父母，还要将孝道推己及人，即"老吾老以及人之老"；父母去世后，要"葬之以礼"。

学习借鉴

好词

思慕　硕德　非难　手舞足蹈　天伦之乐

好句

* 离娄之明、公输子之巧，不以规矩，不成方员。

* 天子不仁，不保四海；诸侯不仁，不保社稷；卿大夫不仁，不保宗庙；士庶人不仁，不保四体。

* 沧浪之水清兮，可以濯我缨。沧浪之水浊兮，可以濯我足。
* 君之视臣如手足，则臣视君如腹心。

思考与练习

1. 谈谈你对"事亲，事之本也"的理解。
2. 《匡章》一文中，孟子是怎样理解匡章的孝道的？

万章篇

> **名师导读**
>
> 本篇的前一部分，是有关尧、舜、禹、汤、孔子、百里奚等三代贤王和春秋贤人的事迹，具有重要的史料价值。后一部分的内容涉及圣人风范、古代礼制、交朋结友、立身处世与大臣的权力、职责等。本篇涉及范围之广、内容之深，只要我们仔细品读，就一定会有所领悟。

舜往于田

万章①问曰："舜②往于田③，号泣于旻天④，何为其号泣也？"

孟子曰："怨慕⑤也。"

万章曰："父母爱之，喜而不忘；父母恶之，劳而不怨。然则舜怨乎？"

曰："长息⑥问于公明高曰：'舜往于田，则吾既得闻命矣。号泣于旻天，于父母，则吾不知也。'公明高曰：'是非尔所知也。'夫公明高以孝子之心，为不若是恝：我竭力耕田，共为子职而已矣；父母之不爱，于我何哉？帝使其子九男二女，百官牛羊仓廪备，以事舜于畎亩之中。天下之士多就之者。帝将胥天下而迁之焉。为不顺于父母，如穷人无所归。天下之士悦之，人之所欲也，而不足以解忧；好色，人之所欲，妻帝之二女，而不足以解忧；富，人之所欲，富有天下，而不足以解忧；贵，人之所欲，贵为天子，而不

> **名师释疑**
>
> 公明高：春秋鲁南武城人，曾子的弟子。
>
> 恝(jiá)：不忧愁。

万章篇

足以解忧。人悦之、好色、富贵，无足解忧者。惟顺于父母，可以解忧。人少，则慕父母；知好色，则慕少艾；有妻子，则慕妻子；仕则慕君，不得于君则热中。大孝终身慕父母。五十而慕者，予于大舜见之矣。"

注释

①万章：齐人，孟子的弟子。
②舜：号虞舜，姓姚。性至孝。尧举使摄政，受禅即帝位。
③于田：耕于历山。
④旻（mín）天：天的统称。
⑤怨慕：思慕而不得。
⑥长息：公明高的弟子。

译文

万章问道："舜住历山耕田时，对着天一面诉苦，一面哭泣，他为什么哀号哭泣呢？"

孟子说："怨恨自己得不到父母的爱怜，因而常想念他们呢。"

万章说："父母爱怜他，固然高兴得不忘记；父母怨恨他，就是受痛苦，也不该怨恨。照夫子的说法，难道舜是怨恨父母吗？"

孟子说："长息问公明高道：'舜到田间耕种的事，我已经听见夫子指教了，可是他对着天呼号哭泣，又叫着父母，我还不知什么意思。'公明高说：'这不是你所能了解的。'那公明高以为孝子的心理是不能像这样的满不在乎的：不得到父母的欢心，怎么能没有忧愁呢？我尽力耕田，不过尽做儿子的职分罢了；父母不疼爱我，我有什么罪过呢？尧帝知道舜的贤能，就派九个儿子去侍奉舜，两个女儿嫁给舜，齐备了办事的百官、供膳的牛羊、囤米的仓库，

名师指津

舜拥有天下人人羡慕的一切，包括财富、地位、民心等，却还是有忧愁，因为他惦记的是父母不喜爱自己，舜的大孝足以显现。

奉养舜在田间。这时天下的士人都来归附于舜，尧帝竟要把天下的大权交给舜，但是舜以为不得到父母的欢心就还像一个穷人一样无所投靠。天下士人都来归附他，这是人所喜欢的，却不能解他的忧愁；美好的女色，也是人所喜欢的，舜娶尧帝二女为妻，却不能解他的忧愁；财富，也是人所喜欢的，舜有了天下的财富，还是不能解他的忧愁；尊贵，也是人所喜欢的，舜的尊贵已做到了天子，还是不能解他的忧愁。独有获得父母的欢心，才可以解他的忧愁。一般人，在小的时候，总是思慕父母；知道爱好女色时，就慕恋年轻的女子；有了妻子，就爱恋妻子；做了官，就思慕君上，得不到君上的重视，心就像火烧一样的难过。唯有大孝的人，一生都爱慕父母。到了五十岁，还是爱慕父母，我只有在大舜身上看见了。"

娶妻如之何

万章问曰："《诗》①云：'娶妻如之何？必告父母。'信斯言也，宜莫如舜②。舜之不告而娶，何也？"

孟子曰："告，则不得娶。男女居室，人之大伦也。如告，则废人之大伦，以怼③父母，是以不告也。"

万章曰："舜之不告而娶，则吾既得闻命矣；帝之妻④舜而不告，何也？"

曰："帝亦知告焉则不得妻也。"

万章曰："父母使舜完廪，捐阶⑤，瞽瞍⑥焚廪。使浚井⑦，出，从而掩⑧之。象曰：'谟盖⑨都君，咸我绩⑩。牛羊父母，仓廪父母，干戈朕，琴朕，弤朕，二嫂使治朕栖。'象往入舜宫，舜在床琴。象曰：'郁陶思君尔。'忸怩。舜曰：'惟兹臣庶，汝其于予治。'不识舜不知象之将杀己与？"

曰："奚而不知也？象忧亦忧，象喜亦喜。"

万章篇

曰："然则舜伪喜者与？"

曰："否。昔者有馈生鱼于郑子产，子产使校人畜之池。校人烹之，反命曰：'始舍之，圉圉焉；少则洋洋焉；攸然而逝。'子产曰：'得其所哉！得其所哉！'校人出，曰：'孰谓子产智？予既烹而食之，曰：得其所哉！得其所哉！'故君子可欺以其方，难罔以非其道。彼以爱兄之道来，故诚信而喜之。奚伪焉？"

注释

①《诗》：此处指《诗经·齐风·南山》篇。
②舜：上古帝王。
③怼（duì）：仇怨。
④妻（qì）：动词，把女儿嫁给他。
⑤捐阶：捐，去。阶，梯子。
⑥瞽瞍（gǔ sǒu）：舜的父亲。
⑦浚井：深治水井。
⑧掩（yǎn）：掩盖。
⑨谟盖：谟，谋。盖，盖井。
⑩咸我绩：咸，都。绩，功绩。

译文

万章问道："《诗经》上说：'娶妻怎么样？必须禀告父母。'真照这样说，那么，守礼再没有及得舜了。可是舜娶妻子，并没有禀告父母，是什么缘故呢？"

孟子说："禀告了父母，就不能够娶妻。男女成家，是做人的大道。如果舜禀告了，便废弃做人的大道，并且结怨于父母。所以没有禀告。"

万章说："舜的不禀告便娶，我已得着指教了。但是尧帝把女

名师指津

舜"不告而娶"，显然违背了"父母之命，媒妁之言"，这无疑是大逆不道的。而孟子却向告子解释道："告则不得娶。"男女居一室，人之大伦，若告则废之大伦。而不孝有三，无后为大，舜不娶，则无后。这不仅是为舜辩白，也是孟子人道主义思想的体现。

113

儿嫁给舜，也不去告诉舜的父母，这又是什么缘故呢？"

孟子说："尧帝也晓得告诉便不得将女儿嫁给舜了。"

万章说："舜的父母差舜修理米仓，舜上了仓顶，瞽瞍就抽去梯子，放火烧了米仓。后来又差舜去挖井，舜下井去，瞽瞍随手就盖了井。舜的弟弟象说：'用计划埋死都君，都是我的功劳。现在将他的牛羊分给父母，仓廪也分给父母；干戈分给我，五弦琴分给我，雕花弓分给我；两个嫂嫂，叫她们料理我的床铺来服侍我。'象分派定了，便到舜的屋子去，哪晓得舜已坐在床上弹琴。于是象说：'我很气闷，因为想念你啊。'说着，脸上显出很难为情的样子。舜说：'你来得正好，我这些百姓和官员，你可帮我管理管理。'我不知道舜果真不晓得象要杀他吗？"

孟子说："怎么不知道呢？不过舜是手足情深的人，见象忧愁，他也忧愁，象喜欢，他也喜欢。"

万章说："像这样，舜岂不是假装喜欢吗？"

孟子说："不是的。从前有人送条活鱼给郑国大夫子产，子产叫管池子的人把鱼养在池子里。那管池子的人却把鱼烹煮吃了，然后回来报告说：'起初放鱼到池子里，还不大活动，过了一会儿，便活泼起来，悠然地向着深水处游去了。'子产说：'鱼得到安逸的地方啊！得到安逸的地方啊！'管池子的人出来说：'谁说子产聪明？我已把鱼烹吃了，他还说：这鱼得到安逸的地方啊！得到安逸的地方啊！'所以君子可以欺骗他情理上所有的事，不可以欺骗他情理上所没有的事。象用敬爱的心理来，所以舜也真心相信而欢喜他，哪里会是假装的呢？"

咸丘蒙

咸丘蒙[1]问曰："语云：'盛德之士[2]，君不得而臣，父不得而子。'舜南面而立，尧帅诸侯北面而朝之，瞽瞍亦北面而朝之。舜见瞽瞍，其容有蹙[3]。孔子曰：'于斯时也，天下殆哉，岌岌乎！'不识此语诚然乎哉？"

孟子曰："否；此非君子之言，齐东野人之语也。尧老而舜摄也。《尧典》曰：'二十有八载，放勋乃徂落[4]，百姓如丧考妣[5]，三年，四海遏密八音。'孔子曰：'天无二日，民无二王。'舜既为天子矣，又帅天下诸侯以为尧三年丧，是二天子矣。"

咸丘蒙曰："舜之不臣尧，则吾既得闻命矣。《诗》云：'普天之下，莫非王土；率土之滨，莫非王臣。'而舜既为天子矣，敢问瞽瞍之非臣，如何？"

曰："是诗也，非是之谓也。劳于王事而不得养父母也。曰：'此莫非王事，我独贤劳也。'故说诗者，不以文害辞，不以辞害志。以意逆志，是为得之。如以辞而已矣，《云汉》之诗曰：'周馀黎民，靡有孑遗。'信斯言也，是周无遗民也。孝子之至，莫大乎尊亲；尊亲之至，莫大乎以天下养。为天子父，尊之至也；以天下养，养之至也。《诗》曰：'永言孝忠，孝思维则。'此之谓也。《书》曰：'只载见瞽瞍，夔夔齐栗，瞽瞍亦允若。'是为父不得而子也？"

名师释疑

夔(kuí)夔齐栗：敬谨恐惧的样子。齐，同"斋"，斋戒。栗，恐惧。

注释

①咸丘蒙：齐人，孟子的弟子。咸丘，复姓，名蒙。
②盛德之士：道德高尚的人。
③蹙：颦蹙不自安。
④放勋乃徂落：放勋，尧帝的号。徂，通"殂"。徂落，死。
⑤考妣：称呼去世的父母。

译文

咸丘蒙问道："古语说：'德行高尚的人，为君不得把他当作臣子，为父不能把他当作儿子。'舜向南面而为天子，尧领着诸侯向北面朝见他，瞽瞍也向北面朝见他。舜见到瞽瞍，脸上皱眉蹙额，表现出不安的样子。孔子说：'在这个时候，天下很危险，好像要倾覆下来。'不知道这古语是真实的吗？"

孟子说："不，这不是君子所说的话，是齐国东边乡野人说的话。当初尧帝年纪老了，便让舜代理政事。《尧典》说：'舜代理政事二十八年，尧帝才死，百姓如同死了父母一样，三年以内，天下停止一切的音乐。'孔子说：'天上没有两个太阳，百姓没有两个君王。'舜已经做了天子，又领着天下诸侯替尧帝服三年丧，是有两个天子了。"

咸丘蒙说："舜不敢把尧当作臣子，我已得着夫子明示了。《诗经》上说：'整个天下，没有一寸土不是天子的土地；四海之内，没有一个人不是天子的臣子。'舜已经做了天子，请问瞽瞍不算是臣子，算是什么呢？"

孟子说："这首诗不是你所说的那个意思，他只是勤劳为国家做事，不能奉养父母，因而埋怨说：'这些没有一件不是国家的事，应该大家做的，为什么我独独因贤能就该劳苦呢？'所以解诗的人，不可拿一字来误解词句的意思，不可拿一词句来误解作诗者的本旨。要用自己切身的体会去推测诗作的旨趣，这才能得着古人的真义。如果只在字句上解释，像《云汉》篇上说：'周朝剩下的百姓，没有一个存留。'如果相信这句话，那么周朝没有剩一个百姓了。讲到做孝子的极点，没有什么大过尊敬父母；尊敬父母的极点，没有什么大过拿天下的俸禄去供养父母了。舜使瞽瞍成为天子的父亲，是尊敬到了极点；拿天下俸禄来奉养父母，是奉养到了极点。《诗经》上说：'永远念着孝亲的思想，这孝亲的思想，就可做天下的榜样。'就是这个说法。《尚书》上说：'舜非常恭敬地去侍奉父母，见了瞽瞍，就表现出谨慎恐惧的样子。因此，瞽瞍也接受舜的一片孝心，事事也顺从他的意思。'这难道是'父亲不能以他为子'吗？"

名师指津
一个国家不能有两个君王，一个集体不能有两个领导者。因为事物统于一，不能两大并存。

尧以天下与舜

万章曰："尧以天下与舜，有诸？"

孟子曰："否；天子不能以天下与人。"

"然则舜有天下也，孰与之？"

曰："天与之。"

"天与之者，谆谆然命之乎①？"

曰："否，天不言。以行与事示之而已矣。"

曰："以行与事示之者，如之何？"

曰："天子能荐人于天，不能使天与之天下；诸侯能荐人与天子，不能使天子与之诸侯；大夫能荐人于诸侯，不能使诸侯与之大夫。昔者，尧荐舜于天，而天受之；暴之于民，而民受之。故曰天不言，以行与事示之而已矣。"

曰："敢问'荐之于天，而天受之；暴之于民，而民受之'，如何？"

曰："使之主祭而百神享之，是天受之；使之主事而事治，百姓安之，是民受之也。天与之，人与之，故曰，天子不能以天下与人。舜相尧，二十有②八载，非人之所能为也，天也。尧崩③，三年之丧毕，舜避尧之子于南河之南④。天下诸侯朝觐者，不之尧之子而之舜；讼狱者，不之尧之子而之舜；讴歌者，不讴歌尧之子而讴歌舜。故曰天也。夫然后之中国，践天子位焉。而居尧之宫，逼尧之子，是篡也，非天与也。《太誓》曰：'天视自我民视，天听自我民听。'此之谓也。"

名师释疑

有诸：即"有之乎"，有这样的事吗。"诸"，"之乎"的合音。

注释

①谆谆然命之乎：谆谆然，诚恳详语的样子。命，告。命之，告晓。

②有：通"又"。
③崩：天子死曰崩。
④南河之南：在冀州之南，其南即豫州。

译文

万章问道："尧将天下给舜，有这件事吗？"

孟子说："没有，天子不能把天下给人。"

万章说："那么舜有天下，是谁给他的呢？"

孟子说："天给他的。"

万章说："天给他的，是天诚恳地告诉他的吗？"

孟子说："不是，天不说话，只用舜的品德和行事表示将天下给他罢了。"

万章说："用品德和行事暗示将天下给他，这是怎么说的呢？"

孟子说："天子只能荐人于天，不能使天给他天下；诸侯只能荐人于天子，不能使天子给他诸侯；大夫只能荐人于诸侯，不能使诸侯给他大夫。从前尧帝推荐舜给天，而天接受他；将舜显示于百姓之前，而百姓接受他。所以说天不用说话，只用舜的品德和行事暗示将天下给他。"

万章说："请问'尧推荐舜于天，而天接受他；将他显示于百姓之前，而百姓接受他'，这又怎么说呢？"

孟子说："使他主持祭祀，百神皆来享受他的祭祀，这是天接受他；使他主持政事，不但把政事治理好，百姓也安乐和信服，这是百姓接受他。天给他，百姓给他，所以说天子不能把天下给人。舜辅助尧帝，有二十八年的时间，这不是人力所能办得到的，是天意啊！尧帝死了，服完了三年丧礼，舜避开尧的儿子，便到了南河的南边去。天下诸侯朝见的，不到尧的儿子那里去，却到舜这里来；诉讼的，不到尧的儿子那里去，却到舜这里来；歌颂功德的，不歌

名师指津

天意与民意是相通的，天意的真正意义在于民意。这也是孟子的民本思想的体现。

颂尧的儿子，却歌颂舜。所以说是天意。这样以后，舜才回到国都，登上了天子的位。如果直接住到尧的宫中，逼走尧的儿子，那是篡夺的行为，不是天给他的。《书经·太誓》篇说：'天的察看，是从我们百姓的眼睛来察看；天的听闻，是从我们百姓的耳朵来听闻。'就是这个说法。"

至于禹而德衰

万章问曰："人有言：'至于禹而德衰，不传于贤，而传于子。'有诸？"

孟子曰："否，不然也。天与贤，则与贤；天与子，则与子。昔者，舜荐禹于天，十有七年；舜崩，三年之丧毕，禹避舜之子于阳城①，天下之民从之，若尧崩之后不从尧之子而从舜也。禹荐益②于天，七年，禹崩，三年之丧毕，益避禹之子于箕山之阴③。朝觐讼狱者不之益而之启，曰：'吾君之子也。'讴歌者不讴歌益而讴歌启，曰：'吾君之子也。'丹朱之不肖，舜之子亦不肖。舜之相尧、禹之相舜也，历年多，施泽于民久。启贤，能敬承继禹之道。益之相禹也，历年少，施泽于民未久。舜、禹、益相去久远，其子之贤不肖，皆天也，非人之所能为也。莫之为而为者，天也；莫之致而至者，命也。匹夫而有天下者，德必若舜禹，而又有天子荐之者，故仲尼不有天下。继世以有天下，天之所废，必若桀、纣者也，故益、伊尹、周公不有天下。伊尹相汤以王天下，汤崩，太丁未立，外丙二年，仲壬四年，太甲颠覆汤之典刑，伊尹放之于桐；三年，太甲悔过，自怨自艾，于桐处仁迁义。三年，以听伊尹之训己也，复归于亳。周公之不有天下，犹益之于夏、伊尹之于殷也。孔子曰：'唐虞禅，夏后殷周继，其义一也。'"

◁ 名师释疑 ▷

箕山：在今河南登封市东南，又名崿岭。

名师指津

舜相尧二十八年，禹相舜十七年，而益相禹仅七年，所历之年，相差甚多。

孟子选译

注释

①阳城：山名。位于今登封市北三十八里的地方。
②益：即伯益，又称伯翳，舜臣，佐禹治水有功。
③阴：山之北曰"阴"。

译文

万章问说："有人说：'从尧帝到了夏禹，德行就衰落了。他不传位给贤人，却传给自己的儿子。'有这件事吗？"

孟子说："不，不是的。天意要给贤人，就给贤人；天意要给儿子，就给儿子。从前舜推荐禹于天，过了十七年，舜死了，三年的丧礼完毕，禹避开舜的儿子到阳城去，天下的百姓都归从他，就像尧帝死后，不归从尧的儿子而归舜。禹推荐益于天，过了七年，禹死了，三年的丧礼完毕，益避开禹的儿子到箕山的北边去，朝见和诉讼的人，不到益那里去，却到启这里来，都说：'是我们君的儿子呢。'歌颂功德的，不歌颂益，却歌颂启，都说：'是我们君的儿子呢。'尧子丹朱不贤，舜子商均也不贤。舜辅助尧，禹辅助舜，二人经历年数相当久，施给百姓恩德相当长。启很贤明，能够认真地继承禹的传统。益辅助禹，经历年数少，施给百姓恩德又不长久。舜、禹、益三人，彼此辅助的时间相差很远，而他们的儿子贤和不贤，都是天意，并不是人力所能做到的。不是人力做到而自然做到，这是天意；不用人力去求得而自然来到，这是命运。一个平民，竟然能治理天下，他的道德必定要像舜和禹，同时还要有天子的推荐，所以孔子不能治理天下。承继先代而能治理天下的，天要废弃的，必定像桀、纣的暴虐无道这一类，所以益、伊尹、周公不能统有天下。伊尹辅助成汤治理天下，汤死了，太子太丁没有即位便死，外丙即位才二年，仲壬即位才四年，于是立了太甲。太甲

名师指津

禹传位给了自己的儿子，从此我国皇位由禅让制变成了世袭制。在奴隶社会与封建社会时期，国家的君主（国王或皇帝）职位父子相承、世代相传就是世袭制度。在我国历史上，夏禹打破了禅让制，让自己的儿子启继承了自己的君王之位，中国就此开启了长达近四千年的君主世袭制，直至1912年宣统帝宣告退位，世袭制在中国才得以彻底瓦解。

即位后，破坏汤的常法，伊尹把他安置在桐这个地方。过了三年，太甲悔悟改过，自己怨恨自己，改悔自己错误，事事拿仁道来做，三年的时间，都听伊尹指教的话。因此，伊尹仍迎接他回到亳都。周公不能够得天下，如同伯益在夏朝，伊尹在殷朝一样。孔子说：'唐尧、虞舜，是让位给贤人的；夏、商、周三代，是传位给儿子的，这个道理都是一样的。'"

> **名师释疑**
>
> 亳（bó）都：中国先商及商朝都城，故址位于今河南省商丘市睢阳区的高辛镇。公元前1600年左右，即商汤灭夏后，将国都西迁至今河南省郑州市市区，称亳，建立商朝，为商汤之都。
>
> 瘠环：宦官名，与前面的"痈疽"都是君王所狎近的人。

或谓孔子于卫主痈疽

万章问曰："或谓孔子于卫①主痈疽②，于齐主侍人③瘠环。有诸乎？"

孟子曰："否，不然也。好事者为之也。于卫主颜仇由④。弥子⑤之妻与子路之妻，兄弟⑥也。弥子谓子路曰：'孔子主我，卫卿可得也。'子路以告。孔子曰：'有命。'孔子进以礼，退以义，得之不得，曰'有命'。而主痈疽与侍人瘠环，是无义无命也。孔子不悦于鲁卫，遭宋桓司马，将要而杀之，微服而过宋。是时孔子当厄，主司城贞子，为陈侯周臣。吾闻：观近臣，以其所为主；观远臣，以其所主。若孔子主痈疽与侍人瘠环，何以为孔子？"

注释

①卫：古国名。周武王少弟康叔之封地。

②主痈疽（yōng jū）：以痈疽为主人，住在他家。

③侍人：即奄人，俗称太监。

④颜仇由：卫国贤大夫。

⑤弥子：即卫灵公宠臣弥子瑕。

⑥兄弟：即姊妹。

孟子选译

译文

万章问道:"有人说孔子在卫国住在卫灵公所宠幸的宦官痈疽家里,在齐国住在太监瘠环家里,有这回事吗?"

孟子说:"不,没有这回事,全是好事的人假造出来的。孔子在卫国是住在贤大夫颜仇由家里。卫君幸臣弥子瑕的妻子和子路的妻子是姐妹,弥子瑕对子路说:'孔子若能住在我家里,就可以获得卫国的卿相位子。'于是子路便把这话告诉孔子。孔子说:'凡事都有一定命运的。'照这样看来,孔子的进仕与退隐,都是依据礼和义的。卿相位得到得不到,都由命中注定的。如果说孔子住在外科医生痈疽和太监瘠环家中,那是不知义、不知命了。孔子不喜欢在鲁国和卫国,就到宋国去,遇到宋司马桓魋,想要拦阻于路上杀了他,孔子就改穿微服逃过宋境。这时候,孔子正在极危险中,尚且选择地方,住在司城贞子家中。司城贞子,正做陈侯周的臣子。我听说:'观察在朝的臣子,只要看他家里住的宾客就知道;观察他国来的臣子,只要看他寄住人家的主人便知道。'如果孔子寄住的主人是痈疽和瘠环,怎么能够成为孔子呢?"

百里奚自鬻于秦

万章问曰:"或曰:'百里奚①自鬻②于秦养牲者,五羊之皮食牛③,以要秦穆公。'信乎?"

孟子曰:"否,不然!好事者为之也。百里奚,虞④人也。晋人以垂棘⑤之璧与屈产之乘⑥,假道⑦于虞以伐虢。宫之奇⑧谏,百里奚不谏。知虞公之不可谏而去之秦,年已七十矣,曾不知以食牛干秦穆公之为污也,可谓智乎?不可谏而不谏,可谓不智乎?知虞公之将亡,而先去之,不可谓不智也。时举于秦,知穆公之可与有行

名师指津

物以类聚,人与群分。英雄侠士总是惺惺相惜的,因此可以从宾客的德行与能力看出臣子是什么样的,从主人的官品地位和品行也可以看出他国来的使臣的地位与品行。

名师释疑

虞公:春秋时期姬姓的公爵诸侯,周朝皇室的后裔。

秦穆公:一作秦缪公,春秋时期秦国国君。嬴姓赵氏,名任好,是秦德公之少子,秦宣公、秦成公之弟,春秋五霸之一。

也而相之，可谓不智乎？相秦而显其君于天下，可传于后世，不贤而能之乎？自鬻以成其君，乡党自好者不为，而谓贤者为之乎？"

注释

①百里奚：人名，百里，复姓，字伯井。初事虞公，后为秦穆公贤相。
②鬻（yù）：卖。
③五羊之皮食（sì）牛：食，喂养。五羊之皮，即为百里奚卖身之值。
④虞：国名。故城在今山西平陆县境。
⑤垂棘：地名。产美玉。
⑥屈产之乘：屈，地名，产良马。乘，四匹马。
⑦假道：借路。
⑧宫之奇：虞臣。

译文

万章问道："有人说：'百里奚自己卖身给秦国养牲口的人，得着五张羊皮，替人喂牛，借以要求秦穆公用他。'这是真的吗？"

孟子说："不，不是真的，是好事的人捏造出来的。百里奚是虞国的人。晋国将垂棘所出的美玉和屈地所产的良马四匹，向虞国借路去攻打虢国，宫之奇极力进言，不要允许，虞君不听。百里奚没有谏，他知道虞君固执不可谏，就出走秦国，这时他年纪已经七十岁了。他还不知道借喂牛去干求秦穆公是耻辱的事，可算是聪明吗？知道虞君不能谏，就不谏，这能说不聪明吗？知道虞君将要亡国，就先出走，这能说没有智慧吗？辅助秦国，使他国君显名于天下，流传于后代，不贤还能这样吗？自卖己身来成就他的国君，就是乡里自爱的人都不愿做，难道说贤人会肯做吗？"

名师指津

百里奚因为虞君固执不听劝谏，所以干脆就没有去劝谏，虞君也因此失去了一位贤臣。由此，身居高位之时，一定要广纳贤臣，并且听取他们的建议，才能使国家或者集体发展得更好。

伯　夷

孟子曰："伯夷，目不视恶色，耳不听恶声。非其君不事，非其民不使。治则进，乱则退。横政①之所出，横民②之所止，不忍居也。思与乡人处，如以朝衣朝冠坐于涂炭③也。当纣之时，居北海之滨，以待天下之清也。故闻伯夷之风者，顽④夫廉⑤，懦夫有立志。

"伊尹曰：'何事非君？何使非民？'治亦进，乱亦进。曰：'天之生斯民也，使先知觉后知，使先觉觉后觉。予，天民之先觉者也；予将以此道觉此民也。'思天下之民，匹夫匹妇，有不与被尧舜之泽者，若己推而内之沟中。其自任以天下之重也。

柳下惠不羞污君，不辞小官。进不隐贤，必以其道。遗佚而不怨，厄穷而不悯。与乡人处。由由然不忍去也。'尔为尔，我为我。虽袒裼裸裎于我侧，尔焉能浼我哉？'故闻柳下惠之风者，鄙夫宽，薄夫敦。

"孔子之去齐，接淅而行；去鲁，曰：'迟迟吾行也！去父母国之道也。'可以速而速，可以久而久，可以处而处，可以仕而仕，孔子也。"

孟子曰："伯夷，圣之清者也；伊尹，圣之任者也；柳下惠，圣之和者也；孔子，圣之时者也。孔子之谓集大成。集大成也者，金声而玉振之也。金声也者，始条理也；玉振之也者，终条理也。始条理者，智之事也；终条理者，圣之事也。智，譬则巧也；圣，譬则力也。由射于百步之外也：其至，尔力也；其中，非尔力也。"

注释

①横（hèng）政：暴政。
②横（hèng）民：乱民。
③涂炭：喻不洁。涂，泥。

名师释疑

乱民：旧时指反叛当权者的百姓。

④顽：无知觉。
⑤廉：廉洁。

译文

孟子说："伯夷眼睛不看不正当的颜色，耳朵不听不正当的声音；不是他可侍奉的国君，不肯事奉；不是他可用的人民，不肯使用。天下太平，就出来做官，天下混乱，就隐退家居。暴政所生的国家，乱民所聚的地方，都不愿意居住。他认为和乡下无知人在一块就如同同穿上礼服戴上礼帽坐在泥里炭里一样。当商王是纣的时候，他避处在北海的边上，等待天下的清明。所以凡是听到伯夷风范的人，顽钝的也会变廉洁，柔懦的也能立定志向。

"伊尹说：'任何君主没有不可侍奉的，任何百姓没有不可使用的。'所以治世也出来做官，乱世也出来做官。他说：'天生下这些百姓，原是叫先知的来使后知的觉醒，原是叫先觉的来使后觉的觉醒。我，是天生这些百姓中的一个先觉的，我要将这些大道理来使这些百姓觉醒呢。'他觉得天下的百姓，只要有一个男子或一个妇女没有蒙受到尧舜的恩泽，就像是自己推他们陷入沟里一样。他是要自己担当天下的重任呢。

"柳下惠不以侍奉污君为耻，不嫌弃卑小的职位；替国家做事，不隐藏自己的才能，一定守着正道去做。就是遭了贬斥，也不抱怨；受了困穷，也不忧伤。和无知的乡人在一起，仍悠然自得，不忍离开他们。他认为：'你是你，我是我，就是赤身露臂在我身边，你又怎能玷污我呢？'所以听见柳下惠的风范的人，胸怀狭隘的，也会变成宽宏；性情刻薄的，也会变得敦厚。

"孔子离开齐国，急着从淘米水中取了米就走；他离开鲁国时，便说：'我慢慢地走吧。这是因为父母之邦的缘故。'可以快走就快走，可以久留就久留，可以隐处就隐处，可以出仕就出仕，这就是孔子做人的态度。"

孟子说："伯夷，是圣人中最清高的；伊尹，是圣人中最负责任的；柳下惠，是圣人中最随和的；孔子，是圣人中最合时宜的。孔子是集圣人的大成。集大成的意思，好比奏乐时敲金钟的声来发端，击玉磬的声音来收尾一样。钟声，是众乐合奏时条理节奏的开始；磬声，是众乐合奏时条理节奏的结束。开始时的条理，是属于智的事；结束时的条理，是属于圣的事。智，好比技巧；圣，好比力气。就像在百步以外射箭，能射得到，那是你的气力；至于射中靶心，那就不单凭气力，是要靠技巧了。"

北宫锜问曰

北宫锜①问曰："周室班**爵禄**也，如之何？"

孟子曰："其详不可得闻也。诸侯恶其害己也，而皆去其籍。然而轲也尝闻其略也。天子一位，公一位，侯一位，伯一位，子、男同一位，凡五等②也。君一位，卿一位，大夫一位，上士一位，中士一位，下士一位，凡**六等**。天子之制，地方千里，公侯皆地方百里，伯七十里，子、男五十里，凡四等。不能③五十里，不达于天子，附于诸侯，曰附庸。天子之卿受地视侯，大夫受地视伯，元士受地视子、男。大国地方百里，君十卿禄，卿禄四大夫，大夫倍上士，上士倍中士，中士倍下士，下士与庶人在官者同禄，禄足以代其耕也。次国地方七十里，君十卿禄，卿禄三大夫，大夫倍上士，上士倍中士，中士倍下士，下士与庶人在官者同禄，禄足以代其耕也。小国地方五十里，君十卿禄，卿禄二大夫，大夫倍上士，上士倍中士，中士倍下士，下士与庶人在官者同禄，禄足以代其耕也。耕者之所获，一夫百亩；百亩之粪，**上农夫**食九人，上次食八人，中食七人，中次食六人，下食五人。庶人在

名师指津

孟子总结了伯夷、伊尹、柳下惠和孔子的观点和处事方式，最后得出前三者虽然有长处但是也有短处，而孔子"集圣人之大成"，是真正的圣人，他集他们三者的优点于一身，做事最合时宜，未有偏颇。

名师释疑

爵禄：此处指的是爵位与俸禄的法度。

六等：君、卿、大夫、上士、中士、下士，为六等之职位，施于中国。

上农夫：古代指种植条件较好、收益较多的农民。

官者，其禄以是为差。"

注释

①北宫锜（qí）：姓北宫，名锜，卫国人。
②五等：天子、公、侯、伯、子、男，为五等之封爵，通于天下。
③不能：不足。

译文

北宫锜问道："周朝规定爵位俸禄的法度，是怎么样的？"

孟子说："它的详细的规定，是无法知道的。诸侯嫌恶这种制度有害于己身，把所有的典册都毁灭了，但我曾听说这个制度大略：天子一级，公一级，侯一级，伯一级，子、男同一级，共分五等，这是通行天下的。国君一级，卿一级，大夫一级，上士一级，中士一级，下士一级，共分六等，是施行于全国之中的。至于土地方面，天子是一千方公里，公、侯都是一百方公里，伯七十方公里，子、男五十方公里，共四等。不足五十公里的小国，朝觐贡献，不能直达于天子，只能附属于诸侯，叫作附庸。天子的卿，授给他的土地，比照侯国的大小；大夫比照伯国；上士比照子、男的国土。大国土地是一百方里，国君的俸禄十倍于卿，卿的俸禄四倍于大夫，大夫是上士的一倍，上士是中士的一倍，中士又是下士的一倍，下士同平民服务官府的俸禄一样，这俸禄足够代替他耕田百亩的收获。次国土地是七十方里，国君的俸禄十倍于卿，卿的俸禄三倍于大夫，大夫是上士的一倍，上士是中士的一倍，中士是下士的一倍，下士同平民服务官府的俸禄一样，这俸禄足够代替他耕田百亩的收获。小国的土地是五十方里，国君的俸禄十倍于卿，卿的俸禄两倍于大夫，大夫是上士的一倍，上士是中士的一倍，中士是下士的一倍，下士同平民服务官府的俸禄一样，这俸禄足够代替他耕田百亩的收获。耕田人所得的收获，一个男子受田一百亩，这百亩田地施肥耕种，勤力的上农可以养活九人，次于上农的可以养活八人，中农可以养活七人，次于中农的可以养活六人，下农可以养活五人。平民在政府服务的，他的俸禄，也比照这等级来给予。"

敢问交际何心也

万章问曰："敢问交际①何心也？"

孟子曰："恭也。"

曰："'却之却之为不恭'，何哉？"

曰："尊者赐之，曰：'其所取者，义乎？不义乎？'而后受之。以是为不恭，故弗却也。"

曰："请无以辞却之②，以心却之。曰'其取诸民之不义也'，而以他辞无受，不可乎？"

曰："其交也以道，其接也以礼，斯孔子受之矣。"

万章曰："今有御人于国门之外者③，其交也以道，其馈也以礼，斯可受御与？"

> **名师释疑**
> 受御：接受杀人抢劫而来的财货。

曰："不可。《康诰》④曰：'杀越人于货⑤，闵不畏死，凡民罔不憝⑥。'是不待教而诛者也。殷受夏，周受殷，所不辞也。于今为烈⑦，如之何其受之？"

曰："今之诸侯取之于民也，犹御也。苟善其礼际矣，斯君子受之。敢问：何说也？"

曰："子以为有王者作，将比今之诸侯而诛之乎？其教之不改而后诛之乎？夫谓非其有而取之者盗也，充类至义之尽。孔子之仕于鲁也，鲁人猎较，孔子亦猎较。猎较犹可，而况受其赐乎？"

曰："然则孔子之仕也，非事道与？"

曰："事道也。"

"事道，奚猎较也？"

曰："孔子先簿正祭器，不以四方之食供簿正。"

曰："奚不去也？"

曰："为之兆也。兆足以行矣，而不行，而后去，是以未尝有所终三年淹也。孔子有见行可之仕，有际可之仕，有公养之仕。于季桓子，见行可之仕也；于卫灵公，际可之仕也；于卫孝公，公养之仕也。"

注释

①交际：以礼仪币帛相交接。

②却之：不接受他人的币帛。

③御人于国门之外：止人而杀之，并抢夺其货。国门之外，指无人之处。御，止。

④《康诰》：《尚书·周书》篇名。

⑤杀越人于货：杀其人而取其货。于，取。

⑥罔不憝（duì）：罔，无。憝，怨恨。

⑦烈：明法。

名师释疑

币帛：古代用作礼物的丝织品。

轻慢：对人不尊重；态度傲慢。

译文

万章问道："请问彼此间常用礼物来馈赠，是什么心理？"

孟子说："表示恭敬。"

万章说："'将送来的礼退还他，便是不恭敬'，这是什么意思？"

孟子说："假使尊长赐给礼物，你心中先想一想：他送来的礼物，是正当还是不正当？一定要正当的才接受。这样做，就是轻慢不恭敬了，所以不要退还为是。"

万章说："不要用明言退还他，只是在心中想'这些都是取民不义的东西'，就用别的话退还他，这不可以吗？"

孟子说："只要他以道义相交，以礼节相待，就是孔子也会接受他的礼物的。"

万章说："现在有个人是在城外拦劫旅客的，他以道义交我，以礼节赠我的物品，这可以接受吗？"

孟子说："不可以。《书经·康诰》篇说：'杀了人，又抢夺他的财物，横强不怕死，人们没有不怨恨他的。'这种人，是不待教戒，便可诛杀他的。这样的处罚，殷朝受自夏朝，周朝受自商朝，都没有话说，到现在还是雷厉风行，怎么可以接受他的礼物？"

万章说："现在诸侯搜取百姓的东西，就像抢劫一样。假使他们用周到的礼仪来接待，君子也接受他的。请问这是什么道理？"

孟子说："你认为有了圣王起来，将把现在的诸侯统统杀了，还是先敬戒他们，如真不改悔再杀呢？至于说不是他应该有而取来的就算是盗，这句话不过就其类而扩充之，推到义的至精至微处罢了，实际上不是真盗。孔子在鲁国做官，鲁俗每逢祭祀时，大家射猎，比较所得多少，叫作猎较。孔子也随从他们猎较，这不合理的猎较尚且可从，何况接受所赐的礼物呢？"

万章说："孔子做官，难道不是借这事行道吗？"

孟子说："是借这事行道的。"

万章说："既然借这事行道，为什么又从俗猎较呢？"

孟子说："孔子先立簿册，订正了祭祀的器皿，不用鲁国四境所珍贵的难得食品来做簿册中所行的祭品，就是想把不良的习惯废除掉。"

万章说："孔子这样做还是不得已，为什么不离去呢？"

孟子说："孔子是想用这事做行道的开端。这初端可以行，他的大道还不能行，然后才离去，所以孔子在任何一国没有久留三年的。孔子做官,有的察看道可行的,有的因接待尚有礼貌,有的因国君诚意养贤。在季桓子时,是因可以行道而出仕的;在卫灵公时,是因接待行礼而出仕的;在卫孝公时,是由于有养贤的诚意而出仕的。"

> **名师释疑**
>
> 出仕:成为仕宦;出来做官。

仕非为贫也

孟子曰:"仕非为贫也,而有时乎为贫。娶妻非为养也,而有时乎为养。为贫者,辞尊居卑,辞富居贫①。辞尊居卑,辞富居贫,恶乎宜乎?抱关击柝②。孔子尝为委吏③矣,曰:'会计当而已矣。'尝为乘田④矣,曰:'牛羊茁壮⑤长而已矣。'位卑而言高,罪也;立乎人之本朝而道不行,耻也。"

注释

①辞富居贫:贫富,指俸禄的厚薄。
②抱关击柝(tuò):抱关,守城门者。击柝,敲更守夜者。
③委吏:管仓廪的小吏。
④乘田:管理苑囿刍牧的小吏。
⑤茁壮:肥大。

> **名师指津**
>
> 抱关者、击柝者,这些在封建社会都是地位极为卑下、收入也非常少的人。

译文

孟子说:"做官不是因为贫穷,但有时也因为贫穷。娶妻并不是为了奉养父母,但有时也为了奉养父母。因为贫穷而做官,便该拒绝大的职位而接受小的职位,拒绝优厚俸禄而接受薄少的俸禄。拒绝大的职位而接受小的职位,拒绝优厚的俸禄而接受薄少的俸禄,

131

居于什么位置才相宜呢？像看守城门和敲更守夜的最适宜。孔子曾做过管理仓库的小吏，他说：'只要将账目计算对就行了。'又曾做过管理牲畜的小官，他说：'只要牛羊肥壮长大就行了。'如果位分低，要谈位分高的事，就有僭越的罪了。但是自身站在朝廷上，占着高位，而不能施行大道，这是可耻的。"

> **名师释疑**
>
> 僭越：指超越本分，古时指地位低下的冒用在上的名义或器物等，尤指用皇家专用的。
>
> 稽首：即稽首礼，以头叩地。

士之不托诸侯

万章曰："士之不托诸侯，何也？"

孟子曰："不敢也。诸侯失国而后托于诸侯，礼也；士之托于诸侯，非礼也。"

万章曰："君馈之粟，则受之乎？"

曰："受之。"

"受之何义也？"

曰："君之于氓①也，固周之。"

曰："周之②则受，赐之则不受。何也？"

曰："不敢也。"

曰："敢问其'不敢'，何也？"

曰："抱关击柝者皆有常职以食于上，无常职而赐于上者，以为不恭也。"

曰："君馈之，则受之，不识可常继乎？"

曰："缪公③之于子思也，亟问，亟馈鼎肉④。子思不悦。于卒⑤也，摽⑥使者出诸大门之外，北面稽首再拜而不受，曰：'今而后知君之犬马畜伋。'盖自是台无馈也。悦贤不能举，又不能养也，可谓悦贤乎？"

曰："敢问国君欲养君子，如何斯可谓养矣？"

曰："以君命将之，再拜稽首而受。其后廪人继粟，庖人继肉，

万章篇

不以君命将之。子思以为鼎肉，使己仆仆尔亟拜也，非养君子之道也。尧之于舜也，使其子九男事之，二女女焉，百官牛羊仓廪备，以养舜于畎亩之中，后举而加诸上位。故曰王公之尊贤也。"

> **名师释疑**
>
> 畎（quǎn）亩：田间，田地。
>
> 周济：对穷困的人给予物质上的帮助。

注释

①氓：田民。

②周之：救济他。

③缪公：即鲁穆公，悼公的孙子，名显。

④鼎肉：熟肉。

⑤卒：最后。

⑥摽（biāo）：挥。

译文

万章问道："士人不寄食于诸侯，是什么意思？"

孟子说："是不敢啊！诸侯失了国而寄食于别的诸侯，这是合礼的；士人寄食于诸侯，是不合礼的。"

万章说："君送米粟来，他可以接受吗？"

孟子说："可以接受的。"

万章说："接受赠粟，是什么道理呢？"

孟子说："国君对于百姓，本应周济的。"

万章说："周济便可接受，赐予就不可接受，这是为什么？"

孟子说："是不敢啊！"

万章说："请问'不敢'又是什么意思呢？"

孟子说："看守城门的和敲更守夜的，皆有固定职务，才能吃君的常禄；若没有固定职务，就受君的赏赐，这是不恭的。"

万章又道："君送来的就接受，不知可以长久继续下去吗？"

孟子选译

孟子说:"从前鲁缪公对待子思,屡次派人来问候,屡次送熟肉来,子思便不高兴,后来竟把缪公派来的人挥出大门外去。然后朝着北面叩头再拜而不接受,且说:'从现在开始,才知道君是以对待犬马对待我呢!'自此以后,缪公就不再派台官来了。尊敬贤人,不能重用他,又不能奉养他,这可以说尊敬贤人吗?"

万章说:"请问国君要奉养君子,怎样才可以说奉养呢?"

孟子说:"初次用国君的命令送礼物去,便再拜叩头接受。以后管米的廪人继续送米来,管肉的庖人继续送肉来,不再用君命了,子思认为送熟肉来,叫自己烦琐地屡次拜谢,这不是奉养君子的道理。从前尧对待舜,派他九个儿子侍奉舜,将两个女儿嫁给舜,又命百官具备了牛羊仓廪去奉养舜于田野间,后来又推荐他登上高位。这样,才可说是王公尊敬贤人的模范呢。"

不见诸侯

万章曰:"敢问'不见诸侯'何义也?"

孟子曰:"在国①曰市井②之臣,在野曰草莽之臣,皆谓庶人。庶人不传质③为臣,不敢见于诸侯,礼也。"

万章曰:"庶人,召之役,则往役。君欲见之,召之,则不往见之。何也?"

曰:"往役,义也;往见,不义也。且君之欲见之也,何为也哉?"

曰:"为其多闻也,为其贤也。"

曰:"为其多闻也,则天子不召师,而况诸侯乎?为其贤也,则吾未闻欲见贤而召之也。缪公亟见于子思,曰:'古千乘之国以友士,何如?'子思不悦,曰:'古之人有言曰,事之云乎,岂曰友之云乎?'子思之不悦也,岂不曰:'以位,则子君也,我臣也;何敢与君友也?以德,则子事我者也,奚可以与我友?'千乘之君,

---

名师释疑

廪人:官名,职掌粮仓。《国语·周语上》:"廪协出。"韦昭注:廪人掌九谷出用之数也。

庖人:官名,职掌供膳。《周礼》谓天官所属有庖人,设有中士四人、下士八人及府、史、贾、胥、徒等人员。

万章篇

求与之友而不可得也，而况可召与？齐景公田④，招虞人⑤以旌，不至，将杀之。志士不忘在沟壑，勇士不忘丧其元⑥。孔子奚取焉？取非其招不往也。"

曰："敢问'招虞人'何以？"

曰："以皮冠⑦，庶人以旃⑧，士以旂，大夫以旌。以大夫之招招虞人，虞人死不敢往；以士之招招庶人，庶人岂敢往哉？况乎以不贤人之招招贤人乎？欲见贤人而不以其道，犹欲其入而闭之也。夫义，路也；礼，门也。惟君子能由是路，出入是门也。《诗》云：'周道如底，其直如矢；君子所履，小人所视。'"

万章曰："孔子，君命召，不俟驾而行。然则孔子非与？"

曰："孔子当仕有官职，而以其官召之也。"

注释

①国：都邑。
②市井：街市。
③传质：传，通。质，通"贽"。
④齐景公田：景公为春秋齐国之君，灵公之子，名杵臼，谥景。田，打猎。
⑤虞人：掌山泽的官，也管理苑囿田猎。
⑥元：首。
⑦皮冠：打猎戴的帽子。
⑧旃（zhān）：曲柄旗。

译文

万章道："请问士人不见诸侯，是什么道理？"

孟子说："在国都中，叫作都市的臣子；在乡村里，叫作草野

名师释疑

旂（qí）：古代的一种旗子，帛上绘龙，带有铃铛。

名师指津

古有"六贽"之说。《周礼·春官·大宗伯》载："以禽作六贽，以等诸臣。孤执皮帛，卿执羔，大夫执雁，士执雉，庶人执鹜，工商执鸡。""六挚"即"六贽"，是古人相见时馈赠的六种礼物。

名师释疑

服役：服劳役。

名师指津

"义"是孟子提倡的行王道、施仁政，符合封建地主阶级的利益要求。孟子认为"礼"存在两个方面：一是作为伦理道德之礼；另一个是作为政治理想之礼。"义""礼"是儒家思想中的两个非常重要的思想，在行文之中可以体悟到。

的臣子。这两种人都是平民。平民没有通赞做过人臣的，就不敢接见诸侯，这是礼节。"

万章说："平民，国君叫他服役，就去服役；国君要召见他，他反不肯去。这是什么意思呢？"

孟子说："去服役是应该的，去进见诸侯，是不应该的。而且国君想要召见士人是为什么呢？"

万章说："因他见识广，因他很贤能。"

孟子说："既然是因为他见识广，就是天子尚有不敢召的尊师，何况诸侯呢？假使因为他的贤能，那么我没听说过，要见贤人可用命令去召来的。从前鲁缪公屡次去见子思，问道：'古时千乘的国君交友士人，你以为如何？'子思不高兴地说：'古人有句话：国君尊重贤士，应该侍奉他，怎么可以友他呢？'我想子思的不高兴岂不是说：'按照地位，你是君，我是臣。臣子怎敢和君为友？按照德行，你该侍奉我的，怎么可与我为友呢？'这样看来，千乘的国君，要和他交朋友，远不能够，何况可用命令召见吗？从前齐景公打猎，派人用旌去召虞人，虞人不来，景公要杀他。孔子称赞他说：'志士总不忘记自己应该死在沟壑里，勇士总不忘记自己应该死在战场上。'孔子为什么称赞他呢？因为他不屈于不合理的召唤。"

万章说："请问召虞人，要用什么？"

孟子说："应该用皮冠。召平民用旃，召士用旂，召大夫用旌。把召大夫的旌去召虞人，所以虞人至死不敢去。把召士的旂去召平民，平民怎么敢去？何况用召不贤的礼节去召贤人呢！要想见贤人，却不用见贤人的道，就像要他进屋子里来，却把门关起来一样。义，是条大路；礼，是扇大门。只有君子才能走这条大路，出进这扇大门。《诗经》上说：'大路平坦得像磨刀石，笔直似箭杆一样；是在上的君子所实践的，在下的小民看作榜样的。'"

万章说："孔子听到召见的命令，不等车马驾好就走。这样，孔子也有不对的吗？"

孟子说："孔子那时在鲁国做官，他有官职，鲁君是用官职召见他的。"

齐宣王问卿

齐宣王问卿①。孟子曰："王，何卿之问也？"

王曰："卿不同乎？"

曰："不同：有贵戚之卿②，有异姓之卿③。"

王曰："请问贵戚之卿。"

曰："君有大过④则谏；反复之而不听，则易位⑤。"

王勃然变乎色。

曰："王勿异也。王问臣，臣不敢不以正对⑥。"

王色定。然后请问异姓之卿。

曰："君有过则谏，反复之而不听，则去。"

名师释疑

色定：意解而面色复定。

名师指津

孟子的观点在一定程度上体现了他的民主政治色彩。同姓卿相因与君王同宗，既不能离去，又不能坐视政权覆亡，当君王有重大过错而又不听劝谏时，只能选择另立新君；异姓卿相没有同姓卿相的权力大，也没有那么多的责任，因此若君王不听劝谏，大可以一走了之。反对一味顺从，臣子愚忠。在那个时代有一定的积极意义。

注释

①问卿：问为卿之道应如何。

②贵戚之卿：内外亲族。

③异姓之卿：因为贤能而做官。

④大过：过失之大，足以亡其国。

⑤易位：易君之位，更立贤者。

⑥正对：以正义相告。

译文

齐宣王问做卿相的道理。孟子说："王是问哪一种卿相呢？"

宣王说："卿相也有不同吗？"

孟子说:"不同的。有同姓亲族的卿相,有不同姓的卿相。"

宣王说:"请问同姓卿相怎样?"

孟子说:"国君有大过失,就去谏争;如果反复劝谏还是不听,就应该更换君位,乃立宗族中的贤者。"

宣王听了,突然变了脸色。

孟子说:"王不要见怪,王既然问我,我不敢不用正理奉答。"

宣王脸色稍稍平定,又才问不同姓的卿相怎样。

孟子说:"国君有过错,异姓卿相就去进谏;如果再三劝谏,还是不听,就应辞职离去了。"

名师赏析

《万章篇》主要阐述了君道、臣道、师道、友道的关系。中国几千年来,帝王政治制度的建立与孟子的君道思想有密切的关系。本篇的开篇依然讲的是尧舜的问题,儒家在讲君道与臣道之时,都会论及尧舜,而尧舜之道便是孔孟学说的源头。

此处重点说一说孟子思想中的"君臣之道"。在君臣关系上,孟子转变了自孔子以来君尊臣卑的模式,对君臣之间的关系有了重新定位,提出了君贤臣良的崭新模式,并设定了君臣之间各自的分工与职能范围。君臣在国家政治结构中的不同职能实则是一种社会分工的不同,孟子的社会分工理论主要侧重于劳心劳力的层面,而真正意义上的社会分工是多层次的复杂系统。孟子有言:"欲为君,尽君道;欲为臣,尽臣道。"可见,无论君臣,都是以道义为最高标准。道义不仅是君臣之间相处的标准,也是人与人之间相处的标准,夫与妇,父与子,己与友,其相处无不以道义为标准。

学习借鉴

好词

怨慕　朝觐　轻慢　抱关击柝　僭越　畎亩

好句

*伯夷，圣之清者也；伊尹，圣之任者也；柳下惠，圣之和者也；孔子，圣之时者也。

*夫义，路也；礼，门也。

思考与练习

1.用自己的话说一说世袭制与禅让制的不同，并说明世袭制产生的原因。

2.你对百里奚在谏虞公而不得之后出走这一行为有何看法？说说你的观点。

告子篇

名师导读

孟子与告子都是战国时人，孟子持性善论，告子持不善不恶说。本篇集中阐述了孟子关于人性、道德及其相关的儒家思想理论。孟子对与人性和道德又会有什么见解呢？带着疑问开始阅读感悟吧。

性犹杞柳也

告子[1]曰："性[2]犹杞柳也，义犹桮棬[3]也。以人性为仁义，犹以杞柳为桮棬。"

孟子曰："子能顺杞柳之性而以为桮棬乎？将戕贼[4]杞柳而后以为桮棬也？如将戕贼杞柳而以为桮棬，则亦将戕贼人以为仁义与？率天下之人而祸仁义者，必子之言夫！"

注释

[1]告子：姓告，名不害。战国时期的学者，治儒墨之学。
[2]性：质。
[3]桮棬（bēi quān）：用枝条编为器皿之类。
[4]戕贼：残害。

名师指津

古人认为"性"是人一生下来便具有的本然之质。

告子篇

译文

告子说:"天生的本性,如同杞柳一样;世间的仁义,如同杯盘一样。以人性来勉强行仁义,就像将杞柳来勉强做杯盘一样。"

孟子说:"你能顺着杞柳的本性来做杯盘吗?还是将断削杞柳,然后来做成杯盘呢?如果定要断削那杞柳做杯盘,那么也要断削人的本性,才能做出仁义吗?带领天下人去残害仁义,一定是你的说法了吧!"

湍 水

告子曰:"性,犹湍水①也,决②诸东方则东流,决诸西方则西流。人性之无分于善不善也,犹水之无分于东西也。"

孟子曰:"水,信无分于东西,无分于上下乎?人性之善也,犹水之就下也。人无有不善,水无有不下。今夫水,搏③而跃之,可使过颡④;激而行之,可使在山。是岂水之性哉,其势则然也。人之可使为不善,其性亦犹是也。"

注释

①湍水:回旋之水。
②决:疏导。
③搏:击。
④颡(sǎng):额头。

名师指津

告子认为"性"像杞柳一样,是本然的不带有任何形式的"质料",仁义好像是附加到性上的"形式",是后天培养的。杞柳可以编制成栝桊,也可以编制成其他事物,这主要取决于加在质料上的形式。性也无所谓善与不善,性与仁义的关系正如杞柳与栝桊的关系一样。

孟子则认为把杞柳做成栝桊是戕贼杞柳的一个外在的过程,杞柳自身不能长成栝桊,而是从外面把形式强加上去,这不符杞柳的本性。而"以人性为仁义",只是"求其放心而已矣",因为"仁义礼智,非由外铄我也,我固有之"。因此,这种说法与杞柳加工成栝桊是截然不同的。

译文

告子说："人的本性就同回旋之水一样，引导它向东，就往东流，引导它向西，就往西流。人性不分善和不善，就像水不分东西。"

孟子说："水性确实没有东西的分别，难道不分上下的吗？人性的善，就像水性向低处流一样。人性没有不善，水性没有不向低处流。现在拍击水，使它跳跃起来，可使它高过额角；激荡它逆行，可使它向山上流。那是水的本性吗？是外在力量叫它这样的。一个人可使他不善，他的情形就同这道理一样。"

名师指津

告子以水不分东西而流，来说明人性无所谓善与不善。孟子以水有明确的下流，来说明人性向善是确定无疑的；孟子还以流水受击打而飞溅、受拦截而倒流为喻，来说明人的本性会因为外在环境的影响而发生变化。

食 色

告子曰："食色，性也①。仁，内也，非外也；义，外也，非内也。"

孟子曰："何以谓仁内义外也？"

曰："彼长而我长之②，非有长于我也；犹彼白而我白之，从其白于外也。故谓之外也。"

曰："异于白马之白也，无以异于白人之白也。不识长马之长③也，无以异于长人之长与？且谓长者义乎？长之者义乎？"

曰："吾弟则爱之，秦人之弟则不爱也，是以我为悦者也，故谓之内。长楚人之长，亦长吾之长，是以长为悦者也，故谓之外也。"

曰："耆④秦人之炙⑤，无以异于耆吾炙，夫物则亦有然者也，然则耆炙亦有外欤？"

注释

①食色，性也：食，饮食。色，美色。甘食悦色为人之性。

②彼长而我长之：第一个"长"是年长的意思，第二个"长"

是尊敬的意思。

③长马之长：尊重马的年长的老者。

④耆：同"嗜"，喜欢。

⑤炙：烤肉。

译文

告子说："爱吃好的东西，喜欢美的女色，是人的本性。仁，是从内心发出的，不是自外面来的。义，是来自外面的，不是从内心发出的。"

孟子说："为什行仁是发自内的，而义是来自外的呢？"

告子说："好比他年纪比我大，我才用礼貌尊敬他为长辈，不是我预先有敬重他的意思。在我内心，好像看一样东西的颜色，本来是白的，因此就用白的来形容它，是依照它外表颜色而定的。所以说义是从外面来的。"

孟子说："那白马的白色，是同那白人的白色一样，不知尊重年纪老的马，是不是也和尊重年纪长的人一样呢？究竟说尊重年长人是义呢，还是尊重他年长才合于义呢？"

告子说："我的胞弟我就爱他，秦人的弟弟就不爱他，这是因我自己的关系而高兴这样的，所以说仁是内在的东西。恭敬楚国的老者，也恭敬我自己的老者，这是因为外在的老者的关系而这样的，所以说义是外在的东西。"

孟子说："喜欢吃秦人的烤肉，跟喜欢吃自己的烤肉是一样的，都是从内心所发出来的，怎么一定说吃烤肉也是来自外面的呢？"

名师指津

告子主张性无善无不善论，与孟子主张的性善论构成了一种对比。告子认为"食色，性也"，也证明了自己性无善无不善论的观点。

公都子

公都子曰："告子曰：'性无善无不善也。'或曰：'性可以为善，可以为不善。是故文武兴则民好善，幽厉①兴则民好暴。'或曰：'有性善，有性不善。是故以尧为君而有象；以瞽瞍为父而有舜；以纣为兄之子，且以为君，而有微子启②、王子比干③。'今曰'性善'，然则彼皆非与？"

孟子曰："**乃若**其情，则可以为善矣，乃所谓善也。若夫为不善，非才④之罪也。恻隐之心，人皆有之；羞恶之心，人皆有之；恭敬之心，人皆有之；是非之心，人皆有之。恻隐之心，仁也；羞恶之心，义也；恭敬之心，礼也；是非之心，智也。仁义礼智，非由外铄⑤我也，我固有之也，弗思耳矣。故曰：'求则得之，舍则失之。'或相倍蓰而无算者，不能尽其才者也。《诗》云：'天生蒸民，有物有则；民之秉彝，好是懿德。'孔子曰：'为此诗者，其知道乎！故有物必有则，民之秉彝也，故好是懿德。'"

> **名师释疑**
> 乃若：发语词，相当于"至于"。

注释

①幽厉：周幽王、厉王。厉王名胡，夷王之子。幽王名宫涅，宣王之子。皆暴虐之君。"幽""厉"都是古代有贬义的谥号。

②微子启：纣的庶兄，商帝乙之长子，名开。微，国名。

③王子比干：纣之叔父，名干。封于比，故曰比干。

④才：材质。

⑤铄：渗透，授予。

译文

公都子问孟子道："告子说：'人性没有什么善，也没有什么恶。'有人说：'人性可以为善，也可以为恶。所以文王、武王兴

| 告子篇 |

起，百姓就喜行善；幽王、厉王兴起，百姓就喜为恶。'又有人说：
'有一种人生性是善的，有一种人生性是不善的。所以尧做君上，
却有不善的象；瞽瞍做父亲，却有大孝的舜；纣是侄子，做到君王，
却有微子启这样贤的庶兄和王子比干这样贤的叔父。'现在夫子说
性是善的，那么他们所说的都不对了？"

　　孟子说："只要顺着本性所发动的情，即可以为善，这就是我
说性善的原则。至于人所以会做恶事，乃是后天物欲陷溺了他的心，
致使本性淹没，并不是性之本质的罪过。原来恻隐的心，是人人有
的；羞恶的心，是人人有的；恭敬的心，是人人有的；是非的心，
是人人有的。恻隐的心，就是仁；羞恶的心，就是义；恭敬的心，
就是礼；是非的心，就是智。仁、义、礼、智，不是从外面来授予
我的，是我本来就有的，不过没有去想它罢了。所以说：'去追求
它就得到，放弃它就得不到。'因此人们的善和不善，有时相差一
倍或五倍，甚至无数倍，这都是不能充分发挥性的本质。《诗经》
说：'上天生了许多百姓，有了形体事物的现象，就有行为的准则。
百姓执着这永恒的真理，没有一个不爱好这美善的道德。'孔子称
赞道：'做这诗的人，是深知性情中的道理啊！所以有了形体事物
的现象，就有行为的准则。百姓都执着这永恒的真理，所以皆爱好
这美善的道德。'"

名师指津

公都子一方面转陈了告子的观点，即人性无善无不善，而同时又提到了另一种观点，即人是可善可不善的，亦即可以为善，可以为不善。

富　岁

　　孟子曰："富岁①，子弟多赖；凶岁②，子弟多暴。非天降才
尔殊也，其所以陷溺其心者然也。今夫麰麦③，播种而耰④之，其地同，
树之时又同，浡然⑤而生，至于日至⑥之时，皆熟矣。虽有不同，则
地有肥硗⑦、雨露之养、人事之不齐也。故凡同类者，举相似也。
何独至于人而疑之？圣人与我同类者。故龙子曰：'不知足而为屦，
我知其不为蒉也。'屦之相似，天下之足同也。口之于味，有同耆

名师指津

孟子看到了后天社会环境对人的影响，人应该注重后天的深造，圣人也是后天努力的结果。

145

孟子选译

也。易牙先得我口之所耆者也。如使口之于味也，其性与人殊，若犬马之与我不同类也，则天下何耆皆从易牙之于味也？至于味，天下期于易牙，是天下之口相似也。惟耳亦然。至于声，天下期于<u>师旷</u>，是天下之耳相似也。惟目亦然。至于子都，天下莫不知其姣也。不知子都之姣者，无目者也。故曰：口之于味也，有同耆焉；耳之于声也，有同听焉；目之于色也，有同美焉。至于心，独无所同然乎？心之所同然者，何也？谓理也，义也。圣人先得我心之所同然耳。故理义之悦我心，犹<u>刍豢</u>悦我口。"

> **名师释疑**
> 师旷：春秋晋平公的乐师。字子野。善辨音以知吉凶。
>
> 刍豢(chú huàn)：泛指牛、羊、猪、狗等牲畜。

注释

①富岁：丰年。
②凶岁：荒年。
③辨（móu）麦：大麦。
④耰（yōu）：覆种。农田播种后又以土覆之。
⑤浡然：形容蓬蓬勃勃。
⑥日至：夏至。
⑦硗（qiāo）：土地坚硬贫瘠。

译文

孟子说："丰年，子弟多懒惰；荒年，子弟多暴戾。并不是天生材质有如此不同，而是他们的心受环境的迷惑才这样的啊。现在拿大麦来说：播种以后，再用土掩盖好。种的地方都相同，种的时候又相同，这苗便蓬蓬勃勃地长起来，到了夏至时，都熟了。即使所收获有多少的不同，那是土地有肥薄和雨露的滋养、人工的勤惰不一的缘故啊。所以凡是同类的，都很相似，怎么独对于人性相似就怀疑呢？圣人和我们是同类的。所以龙子说：'虽然不知脚的大小，

> **名师指津**
> 孟子认为外部环境会影响人的性情，比如丰年时年轻人都懒惰，荒年时年轻人大多凶暴。其中隐含了孟子的"人性本善"的观点。

随意去做草鞋，我知道他绝不会做成一个草筐。'草鞋样式都差不多，就因为天下人的脚都是差不多的形状。口对于滋味，有着同样的嗜好，易牙是先得到我们所嗜好口味的人。如口对于滋味，其性能人人都不同，好像犬马和我们不同类一样，那么天下人为什么都喜吃易牙所调的味呢？至于口味，天下人都希望吃到易牙的烹调，这证明天下人的口味都差不多的。耳朵也是这样。对于声音，天下人都希望能听到师旷所作的乐曲，这是因为天下人的耳朵都差不多。眼睛也是这样。对于子都，天下人没有不晓得他长得很美貌的，不晓得子都的美貌，简直是没有眼睛的人。所以说：口对于味，有同样的嗜好；耳朵对于声音，有同样的听觉；眼睛对于美色，有同样的感受。至于心，难道独没有相同的吗？心的相同是什么？就是天理，就是正义。圣人是先得到我们心里所相同的天理和正义罢了。所以我们心里喜欢天理和正义，就同我们嘴巴喜欢吃牛羊犬豕的肉一样。"

无或乎王之不智

孟子曰："无或乎王①之不智也！虽有天下易生之物②也，一日暴③之，十日寒之，未有能生者也。吾见亦罕矣，吾退而寒之者至矣，吾如有萌④焉何哉？今夫弈之为数⑤，小数也；不专心致志，则不得也。弈秋，通国之善弈者也。使弈秋诲二人弈，其一人专心致志，惟弈秋之为听。一人虽听之，一心以为鸿鹄将至，思援弓缴而射之，虽与之俱学，弗若之矣。为是其智弗若与？曰：非然也。"

注释

①无或乎王：或，同"惑"。无或，难怪。王，指齐王。
②易生之物：指草木五谷。

③暴：通"曝"，晒。
④萌：芽。
⑤数：技。

译文

孟子说："难怪那齐王不聪明啊！虽是天下最易生长的东西，假如一天曝晒它，十天冰冻它，也就不能生长了。我去见齐王时间也很少，当我退出时，那些令他阴寒的小人又和他接近。我就能使他发点芽，但有什么用呢？现在拿下围棋的技能来说，这本是很小的玩意罢了。假使不能专心一志，便不得它的精妙。弈秋，是下棋的国手，现在他教两个人下围棋，一个专心致志，把弈秋所教的，全记在心中；另一个虽然也听，却一心以为大雁要飞来，想着拿起弓，用绳子系着箭去射它。虽是和人共同学习，总赶不上别人好。是因为聪明不如人吗？不是的，只是不肯专心致志罢了。"

名师指津

文段用"一日暴之，十日寒之"与"弈秋诲棋"两个比喻来论证问题。此小节中孟子强调"恒专"在学习中的重要作用，即学习除了要有恒心外，还要专心致志。专心、恒心是修养的关键所在。

鱼我所欲也

孟子曰："鱼，我所欲也，熊掌，亦我所欲也；二者不可得兼，舍鱼而取熊掌者也。生，亦我所欲也，义，亦我所欲也；二者不可得兼，舍生而取义者也。生亦我所欲，所欲有甚于生者，故不为苟得也。死，亦我所恶，所恶有甚于死者，故患有所不辟①也。如使人之所欲莫甚于生，则凡可以得生者，何不用也？使人之所恶莫甚于死者，则凡可以辟患者，何不为也？由是则生而有不用也，由是则可以辟患而有不为也。是故所欲有甚于生者，所恶有甚于死者。非独贤者有是心也，人皆有之，贤者能勿丧耳。一箪食②，一豆羹③，得之则生，弗得则死。呼尔④而与之，行道之人⑤弗受；蹴尔⑥而与之，乞人不屑也。万钟则不辨礼义而受之。万钟于我何加焉？为宫室之美、妻妾之奉、所识穷乏者得我与？乡为身死而不受，今为宫室之美为之；乡为身死而不受，今为妻妾之奉为之；乡为身死而不受，今为所识穷乏者得我而为之，是亦不可以已乎？此之谓失其本心。"

> **名师释疑**
>
> 万钟：形容俸禄之多。钟，古量器。

注释

①辟：同"避"，苟且免于死。
②箪：盛饭的圆竹器。
③豆羹：豆，盛汤的器具。羹，汤类。
④呼尔：咄啐之貌。
⑤行道之人：路中凡人。
⑥蹴尔：践踏。

译文

孟子说："鱼，是我所爱好的，熊掌，也是我所爱好的；如果两样不能兼得，只有舍弃鱼而取熊掌。同样，生命，是我所爱好的，义礼，也是我所爱好的；如果两样不能兼全，只有舍去生命而取义礼。生命固然是我爱好的，但我所爱好还有超过生命的，所以不肯苟且得生。死亡是我所憎恶的，但我所憎恶还有超过死亡的，所以不肯苟且避患。假使人所爱好没有超过生命的，凡是可以保全生命的手段，有什么不可以用呢？假使人所憎恶没有超过死亡的，凡是可以逃避死亡的方法，有什么不可以用呢？照这样做，就可以保全生命，有时却不肯用的；照这样做，就可以避见患祸，有时却不肯做的。这就是人所爱好的，有比生命更重要的；人所憎恶的，有比死亡更厉害的。不单是贤人有这种羞恶的心，实是人人都有的，只不过贤人能使它不丧失罢了。一篮饭，一碗汤，得到了就可活命，

> **名师指津**
>
> 当生与义必然不可兼得时，我们应当舍生取义。孟子意在提醒人们在面对取舍之时应该怎样抉择。

得不到就要饿死。如厉声呼叱着给人吃，即使饥饿，行路人也不会接受；要是用脚践踏着给人吃，就连乞丐也不屑一顾。万钟的俸禄，不辨别是否合于礼义而接受了，那这万钟的俸禄对我有什么好处呢？是为了房屋的华美，妻妾的侍奉，和我所相识的穷朋友感激我的周济吗？以前宁愿饿死也不肯接受，现在为了房屋的华美却接受了；以前宁愿饿死也不接受，现在为了妻妾侍奉却接受了；以前宁愿饿死也不接受，现在为了我所相识的穷朋友感激我的周济却接受了。难道不可以拒绝不受吗？这就是丧失掉本来的良心。"

名师指津
本小节论述了儒家"舍生取义"的思想，批判了世俗小人追逐富贵利禄而不顾礼义的行为。

人 心

孟子曰："仁，人心也；义，人路也。舍其路而弗由，放①其心而不知求，哀哉！人有鸡犬放，则知求之；有放心而不知求！学问之道无他，求其放心而已矣！"

注释
①放：亡失。

译文
孟子说："仁，就是人的本心，义，就是人的大路。抛弃大路而不行走，丢失本心而不寻求，真是可怜啊！有人鸡犬丢失了，倒晓得去寻找，但丢失了本心，却不晓得找寻回来。研究学问的道理，没有别的，只要把丢失的心找回来就是了。"

名师指津
孟子认为鸡犬走失了，尚且知道去找回来，良心迷失了，反而不知道去找回，这是重小轻大、以小害大的愚蠢行为。

[告子篇]

人之于身也兼所爱

孟子曰："人之于身也兼所爱；兼所爱，则兼所养也。无尺寸之肤不爱焉，则无尺寸之肤不养也。所以考其善不善者，岂有他哉？于己取之而已矣。体有贵贱，有小大①，无以小害大，无以贱害贵。养其小者为小人，养其大者为大人。今有场师②，舍其梧槚③，养其樲棘④，则为贱场师焉。养其一指，而失其肩背，而不知也，则为狼疾⑤人也。饮食之人，则人贱之矣，为其养小以失大也。饮食之人无有失也，则口腹岂适为尺寸之肤哉？"

❀ 名师释疑 ❀

饮食之人：专养口腹之人。

注释

①体有贵贱，有小大：贱而小者，口腹也；贵而大者，心志也。
②场师：治场圃主人。
③梧槚（jiǎ）：梧，梧桐。槚，楸树。二者均是材木之美者。
④樲（èr）棘：樲，酸枣树。棘，荆棘。都不是好木材。
⑤狼疾：错乱。

名师指津

孟子主张一个人的口腹之食除了为了护养肌肤之外，还应有更高的追求，否则，他将失去一些更为重要、可贵的东西。孟子的"无以小害大，无以贱害贵"说的是不要因为小的部分而损害大的部分，不要因为次要部分而损害重要的部分。

译文

孟子说："一个人对己身，应该全部都爱惜的。既然全部都爱惜，就要全部都加保养。没有一尺一寸皮肤不应该爱惜，就没有一尺一寸的皮肤不应该保养的。审察保养得好不好，无须用其他的方法，只要在自身求取便行了。身体各部，有贵贱，也有大小的分别，不要只顾小的口腹之惠，而妨害了大的心志。也不要只注意轻贱的，来妨害贵重的。只注意养口腹的，那是小人；养心志的，便是君子。现在有个管理园圃的师傅，舍弃梧槚有用的大木，反而去培养樲棘无用的杂树，这是普通的师傅了。只保养一个手指头，反而失去了肩、背，自家还不知道，这就犯了顾前不顾后的毛病。专注意吃喝的人，人人看不起他，因他只知保养小的口腹，而失去大的心志。若注意饮食之惠的人又能不失那心志的修养，那么，口腹的保养，岂止为了一尺一寸的皮肤呢？"

钧是人也

公都子问曰："钧①是人也，或为大人，或为小人。何也？"

孟子曰："从其大体②为大人，从其小体③为小人。"

曰："钧是人也，或从其大体，或从其小体。何也？"

曰："耳目之官不思，而蔽于物；物交物，则引之而已矣。心之官则思，思则得之，不思则不得也。此天之所与我者，先立乎其大者，则其小者不能夺也。此为大人而已矣。"

注释

①钧：同"均"。
②大体：指心志礼义。
③小体：耳目之类。

译文

公都子问道："同是一样的人，有的是君子，有的是小人，这是什么缘故？"

孟子说："依照心志去做，就是君子；随着感官去做，就是小人。"

公都子说："同是一样的人，有的依照心志去做，有的随着感

名师指津

这一小节是上一节的补充。上一节是否定"养小失大"，这一节则从正面来说明怎样树立"大"的问题。"大""小"的分类很明确："心"是体之大者，也是体之贵者；其他器官如眼睛、耳朵等都只是体之小者、体之贱者。因此要树立心的统帅作用，只要心的统帅作用树立起来，其他感官也就不会被外物蒙蔽了。

官去做，这又是什么缘故？"

孟子说："耳目的官能是不会思考的，外来的声色很容易蒙蔽它；这声色的外物，和耳目的官能接触起来，耳目官能就被它引诱而去了。心的官能是主宰思考的，能够思考，就能获得义理，不能思考，便得不到。耳目和心，都是天赐给我们的，只要先立大体的心，自然那小体耳目就不会被外物所夺了。这就成为君子了。"

欲贵者

孟子曰："欲贵者，人之同心也。人人有贵于己者，弗思耳矣。人之所贵者，非良贵①也。赵孟②之所贵，赵孟能贱之。《诗》云③：'既醉以酒，既饱④以德。'言饱乎仁义也，所以不愿人之膏粱⑤之味也；令闻广誉施于身，所以不愿人之文绣也。"

注释

①良贵：最贵。
②赵孟：晋卿。
③《诗》云：此处指《诗经·大雅·既醉》篇。
④饱：充足。
⑤膏粱：肥肉，美谷。

译文

孟子说："希望尊贵，是人人所同有的心理。其实人人皆有他自己尊贵的地方，只是不去思想罢了。人家所给予的尊贵，并不是最尊贵的。赵孟所能给予人的尊贵，赵孟也能夺去尊贵使他贫贱。

名师指津

孟子认为别人给予的尊贵，并非真正的尊贵。一个人要自尊自贵，关键是自己要有值得尊贵的东西。

《诗经》上说：'已经吃醉了好酒，又饱足了美德。'这就是饱足了仁义，就不用羡慕人家肥肉精饭的美味了；同时有良好声名、名誉、称颂到自身来，所以也不用羡慕人家华美的服饰了。"

鲁欲使慎子为将军

鲁欲使慎子①为将军。孟子曰："不教民而用之②，谓之殃民。殃民者，不容于尧舜之世。一战胜齐，遂有南阳，然且不可。"

慎子勃然不悦曰："此则滑厘所不识也。"

曰："吾明告子。天子之地方千里；不千里，不足以待诸侯。诸侯之地方百里；不百里，不足以守宗庙之典籍。周公之封于鲁，为方百里也；地非不足，而俭于百里。太公③之封于齐也，亦为方百里也；地非不足也，而俭于百里。今鲁方百里者五，子以为有王者作，则鲁在所损乎？在所益乎？徒取诸彼以与此，然且仁者不为，况于杀人以求之乎？君子之事君也，务引其君以当道，志于仁而已。"

> **名师释疑**
> 南阳：齐地名。今山东省邹县。

> **名师指津**
> 孟子认为国与国之间的战争也需要遵守礼义的原则，可见礼义在孟子的儒家思想中占据的重要位置了。

注释

①慎子：名滑厘，鲁臣。
②不教民而用之：不教百姓习礼义而让他们去作战。
③太公：即姜尚。

译文

鲁国想使慎子做将军。孟子说："不教百姓习礼义，就令他们去打仗，这叫作害民。祸害百姓的人，断不能容于尧舜的时代。即使打胜了齐国，取得了南阳，也是不可以的。"

慎子变了脸色，不高兴地说："这种话，是我滑厘所不懂的。"

孟子说："我明白地告诉你。周家初定制度：天子之地是一千方里，没有一千方里，就不足以接待诸侯；诸侯之地是一百方里，没有一百方里，就不足保守宗庙的典制册籍。周公封在鲁国的土地，是一百方里，并不是周家的土地不够，是只给他一百方里。姜太公封在齐国的土地，也是一百方里，这并不是周家土地不够，是只给他一百方里。现在鲁国已有一百方里的五倍，你认为有圣王出来，那么鲁国土地是应该减少呢？还是加多呢？就是不杀一人去把齐国南阳取来给鲁国，仁人尚且不肯做，何况要杀人去求取呢？君子事奉君上，专在引导他做合于道理的事，存心在仁德上就是了。"

今之事君者

孟子曰："今之事君者皆曰：'我能为君辟土地，充府库。'今之所谓良臣①，古之所谓民贼②也。君不乡道③，不志于仁，而求富之，是富桀也。'我能为君约与国④，战必克。'今之所谓良臣，古之所谓民贼也。君不乡道，不志于仁，而求为之强战，是辅桀也。由今之道，无变今之俗，虽与之天下，<u>不能一朝居</u>也。"

> ◆ 名师释疑 ◆
>
> 不能一朝居：不能自安一朝之间居其位也。

注释

①良臣：贤良的大臣。
②民贼：残害良民的坏人。
③乡道：乡通"向"。即向往于道。
④约与国：同盟国。

孟子选译

译文

孟子说:"现在侍奉国君的人都说:'我能替君开拓土地,充实府库。'这是现在所叫作良臣,古时却叫作民贼。国君心不向着道义,志不在施行仁政,还为他想法子求富足,这是等于替夏桀求富足。又说:'我能替君联结盟国,打仗必定获胜。'这是现在所叫作良臣,古时却叫作民贼。国君心不向着道义,志不在施行仁政,还想法替他拼命打仗,真是帮助夏桀。照现在的做法,不能改变现在的恶劣风俗,就是把天下送给他,他也不能有一天的太平。"

名师指津

这段文字主要反映了孟子的仁政与王道思想。孟子认为如果君王不追求正道与仁德,臣下一心帮助君王搜刮民脂、开疆辟土,这就是残害百姓。这样的君臣,即使把天下都给他们也是不能长久的。

鲁欲使乐正子为政

鲁欲使乐正子①为政。孟子曰:"吾闻之,喜而不寐。"

公孙丑曰:"乐正子强②乎?"

曰:"否。"

"有知虑③乎?"

曰:"否。"

"多闻识④乎?"

曰:"否。"

"然则奚为喜而不寐?"

曰:"其为人也好善。"

"好善足乎?"

曰:"好善优⑤于天下,而况鲁国乎?夫苟⑥好善,则四海之内皆将轻千里⑦而来,告之以善;夫苟不好善,则人将曰:'訑訑,予既已知之矣。'訑訑之声音颜色,拒人于千里之外;士止于千里之外,则谗谄面谀⑧之人至矣。与谗谄面谀之人居,国欲治,可得乎?"

名师释疑

訑訑(yí):"自足其志不嗜善言之貌。"即自满自足的样子。

注释

①乐正子：名克，鲁人，孟子的弟子。
②强：果敢。
③知虑：智谋。
⑤优：有余力治天下。
⑥苟：诚，真。
⑦轻千里：不以千里为难也。
⑧谗谄（chán chǎn）面谀（yú）：谗，说别人的坏话。谄，逢迎。面谀，当其面谄媚之。

译文

鲁国要叫乐正子主持政事。孟子说："我听到这消息，高兴得睡不着觉。"

公孙丑说："乐正子办事能力强吗？"

孟子说："不是。"

公孙丑说："有智谋能决断大事吗？"

孟子说："不是。"

公孙丑说："他经验丰富吗？"

孟子说："不是。"

公孙丑说："那么夫子为什么欢喜得睡不着呢？"

孟子说："他做人喜欢行善事。"

公孙丑说："喜欢行善就足够治国吗？"

孟子说："喜欢行善，就是治天下都有余，何况鲁国呢？真能喜欢行善事，那么四海之内的百姓都将不怕千里之远，赶来告诉他的善事。要是真不喜欢善事，人们就会（模仿他的腔调）说：'唔唔，我早就知道了。'像这种自信太强，不接受他人善言的声音颜色，是拒绝善人于千里以外。拒绝善人于千里以外，那么专事谄

名师指津

孟子"喜而不寐"的原因是喜欢听好意见，因此天下人都愿意赶来把好意见告诉他。不爱听意见，就会将别人拒于千里之外，而阿谀献媚的人就会凑到跟前来。孟子认为为政必须好善。只有广泛听取别人意见，有识之士才会前来，国家才能治理好，否则，奸邪的谄媚之徒就会乘虚而入。

媚阿谀的人都来了。同这些人住在一起，要想把国家治好，还能够吗？"

舜发于畎亩之中

孟子曰："舜发于畎亩之中①，傅说②举于版筑③之间，胶鬲④举于鱼盐之中，管夷吾举于士⑤，孙叔敖⑥举于海，百里奚⑦举于市。故天将降大任于斯人也，必先苦其心志，劳其筋骨，饿其体肤，空乏⑧其身，行拂⑨乱其所为，所以动心忍性，曾益其所不能。人恒过，然后能改；困于心，衡于虑，而后作；征于色，发于声，而后喻。入则无法家拂士，出则无敌国外患者，国恒亡。然后知生于忧患，而死于安乐也。"

名师指津

千百年来，这句良言激励了无数有识之士成功战胜了困境。

注释

①舜发于畎（quǎn）亩之中：发，起。畎，田沟。亩，田陇。

②傅说（yuè）：曾筑于傅岩，殷武丁举以为相。

③版筑：泥水匠，为营建事。筑墙以两版相夹，置土其中，而以杵筑之。

④胶鬲：殷贤人，初隐于商，周文王于鬻贩鱼盐之中得其人，举而进之于纣。

⑤管夷吾举于士：士，狱官。管夷吾，即管仲。初相公子纠，失败被囚。友人鲍叔牙荐之于桓公，任以为相。

⑥孙叔敖：即楚之敖，字孙叔。其父贾被杀，乃窜处淮海之滨，而庄王举以为相。

⑦百里奚：春秋虞人，字井伯。

⑧空乏：使匮乏。

⑨拂：逆，戾。

告子篇

译文

孟子说:"虞舜,是由田亩间起来做天子的;傅说是由筑墙工人中举用为相的;胶鬲是由贩卖鱼盐商里被荐用的;管仲是从监狱中被举用的;孙叔敖是隐居在海边被发掘举用起来的;百里奚是在街市中做买卖而被举用的。所以上天要将重大的责任交给这个人,一定先要困苦他的心志,劳累他的筋骨,饥饿他的躯体,穷乏他的本身,使他所作所为动辄受打击、受挫折,这都是上天有意激动他的心志,坚韧他的性情,增加他所缺乏的能力。一个人常常犯错误,然后才能改好;要有困顿不畅的心境,横塞不顺的思虑,然后才能奋发振作;憔悴枯槁表现在脸色上,吟咏叹息之气发于声音,然后人们才了解他。在国内没有守法度的世臣和辅弼的贤士,在国外没有敌对的国家和外来的祸患,这个国家往往会灭亡的。然后可知:在忧患的环境中才能生存,在安乐的环境中便会死亡。"

名师指津

许多成功必须历经艰难困苦,经过挫折、失败,从而不断取得教训,受到磨炼,然后方能得之。

名师赏析

既然每个人都有向善之心,又哪里会有恶人呢?孟子认为外在环境因素很重要,也是孟母之所以三迁的原因。这里的环境并非仅仅指周围人或事物,也包括所处的时代、社会状况,还有具体到逆境(忧患)与顺境(安乐)的差别。身处逆境之人被激发的羞耻心可使其用生命维护原则,而身处顺境时的人却更容易迷失。身处逆境的人可以"苦其心志,劳其筋骨,饿其体肤,空乏其身,行拂乱其所为,所以动心忍性,曾益其所不能",这就是环境的巨大魔力。当然了,逆境固然对于我们的人生来说是一个契机,但若没有了后天的努力,一切逆境也就失去了意义。

学习借鉴

好词

戕贼　湍水　良贵　膏粱　知虑　阿谀

好句

*性，犹湍水也，决诸东方则东流，决诸西方则西流。

*仁，内也，非外也；义，外也，非内也。

*故天将降大任于斯人也，必先苦其心志，劳其筋骨，饿其体肤，空乏其身，行拂乱其所为，所以动心忍性，曾益其所不能。

*人恒过，然后能改；困于心，衡于虑，而后作；征于色，发于声，而后喻。

思考与练习

1.谈谈你对"舍生取义"的理解。

2.谈谈你对"生于忧患，死于安乐"的认识。

尽心篇

> **名师导读**
>
> 《尽心篇》是《孟子》的最后一篇，也是孟子思想的精髓所在。其中阐述了不少孟子学说的要义。如仁道说，孟子认为仁道即人道，人道以心为中心，故尽其心即是整个仁道的本质；论及性与命，则言命是由修养而得，性需要识见透彻，性命需要双修，同时强调了内圣外王的思想。

尽其心者

孟子曰："尽其心[1]者，知其性[2]也。知其性，则知天[3]矣。存其心，养其性，所以事天[4]也。夭寿不二[5]，修身以俟[6]之，所以立命也。"

注释

[1]心：本心。
[2]性：本性。
[3]知天：知天之好生之德。
[4]事天：奉承天道而无违。

⑤夭寿不二：夭寿，命之短长。二，怀疑。
⑥俟：等待。

译文

孟子说："能够尽量发挥自己灵明本心的人，就可知晓自己所禀赋于天的本性；知晓自己所禀赋于天的本性，就可以知晓天道。保守自己灵明的本心，培养自己的自然善性，这就是事奉至高无上的天。对于寿命的短长，毫不疑虑，只专意修养自己的身心，以等待那命数，这就是安身立命之道。"

名师指津

本性是不分善恶的，遇善则善，遇恶则恶，善恶不可分割，相互制约；善则顺理，恶则违理，无记则可中和两者。孟子性善论是针对人性的优点而言的。

万物皆备于我矣

孟子曰："万物皆备于我矣。反身而诚①，乐莫大焉。强恕而行，求仁莫近焉。"

注释

①反身而诚：诚，实。反省自身，皆真实无妄。

译文

孟子说："一切人伦事物之理，皆具备在我自己的身上。只要反省自身，真实不欺，这个快乐没有再比它大的了。尽力推行恕道，求仁的途径，没有比这更接近的了。"

名师指津

孟子由"万物皆备于我矣"引出儒家在认识与实践方面"诚"和"恕"的追求。"强恕而行"就是尽力以恕道来实行仁道。恕道就是孔子反复强调的"己所不欲，勿施于人"。

孟子谓宋勾践

孟子谓宋勾践①曰："子好游②乎？吾语③子游。人知之，亦嚣嚣④；人不知，亦嚣嚣。"

曰："何如斯可以嚣嚣矣？"

曰："尊德乐义，则可以嚣嚣矣。故士穷⑤不失义，达⑥不离道。穷不失义，故士得己⑦焉；达不离道，故民不失望焉。古之人，得志，泽加于民；不得志，修身见⑧于世。穷则独善其身，达则兼善天下。"

注释

①宋勾践：姓宋，名勾践。

②游：游说。

③语：告诉。

④嚣嚣：自得无欲的样子。

⑤穷：走投无路，困穷不适。

⑥达：显通。

⑦得己：不失己之道。

⑧见：同"现"。

译文

孟子对宋勾践说："你喜欢游说诸侯吗？我告诉你游说的态度。人家晓得你，你固悠然自得；人家不晓得你，你也要悠然自得。"

宋勾践说："怎样才能悠然自得呢？"

孟子说："以德行为尊贵，以道义为快乐，就可悠然自得了。所以士人在穷困时不失掉义理，在显通时不违背正道。穷困时不失掉义，所以自得其乐；得意时不离开道，所以百姓就不会对他失望。

名师指津

在本段文字中，孟子提出了"穷则独善其身，达则兼善天下"的立身原则。无论穷达，都应不失道义即"穷不失义""达不离道"。

❮ 名师释疑 ❯

悠然自得：形容悠闲而舒适。悠然，闲适的样子。自得，内心得意舒适。

古时候人,得志时就施恩泽于百姓,不得志时便修养己身显名于世。穷困时,就独修自身;显达时,就使天下同趋于善。"

仁 言

孟子曰:"仁言①不如仁声②之入人深也,善政不如善教③之得民也。善政,民畏之;善教,民爱④之。善政,得民财;善教,得民心。"

> **注释**

①仁言:政教法度之言。
②仁声:乐声,雅颂。
③善政善教:善政,使民不违上;善教,使民尚仁义心易得。
④民畏民爱:畏,由于法度禁令。爱,因感戴教化恩泽。

> **名师释疑**

政教:政治与教化。《逸周书·本典》:"今朕不知明德所则,政教所行。"

> **译文**

孟子说:"仁慈的言论不如仁慈的音乐感人深切;良好的政治不如良好的教化能获得人民的信服。人民对于善政,尚存有畏惧的心理;而对于善教,便是由衷地感激。良好的政治,不过得到人民的财力;唯有良好的教化,才能得到人民的心悦诚服。"

人之所不学而能者

孟子曰："人之所不学而能者，其良能①也；所不虑而知者，其良知②也。孩提之童，无不知爱其亲者；及其长也，无不知敬其兄也。亲亲，仁也；敬长，义也。无他，达之天下也。"

名师指津
孟子提出孝敬父母就是仁，尊敬兄长就是义。这是普世的真理，古今皆同。

注释

①良能：不学而自能。
②良知：本然之知。

译文

孟子说："不用学习而自会的，是天然的良能；不用思虑而自知的，是天然的良知。没有一个小孩不爱他的父母，等到年纪稍大些，没有不敬他的兄长。爱父母，即是仁；敬兄长，即是义。这没有别的原因，全世界的人都具有这个仁义的善性。"

名师指津
孟子认为良能与良知是人的天性，是不需要学习就具备的，是不需思考就能知道的。

君子有三乐

孟子曰："君子有三乐，而王天下不与存①焉。父母俱存，兄弟无故②，一乐也；仰不愧于天，俯不怍③于人，二乐也；得天下英才而教育之，三乐也。君子有三乐，而王天下不与存焉。"

注释

①与存：在内。

②故：灾患丧病。

③怍（zuò）：惭愧。

译文

孟子说："君子有三种快乐的事，而治理天下却不包括在里面。父母健在，兄弟和睦，是第一种快乐；对上不愧于天，对下不愧于人，是第二种快乐；得到天下的英俊贤才，来教导他们，是第三种快乐。君子有这三种快乐，而治理天下，却不包括在里面。"

广土众民

孟子曰："广土众民①，君子欲之，所乐不存焉②；中天下而立③，定四海之民，君子乐之，所性④不存焉。君子所性，虽大行⑤不加焉，虽穷居不损⑥焉，分⑦定故也。君子所性，仁义礼智根⑧于心，其生色也睟然见于面，盎于背，施于四体，四体不言而喻。"

> **名师释疑**
> 睟（suì）然：润泽的样子。

注释

①广土众民：大国诸侯。

②焉：于是，于此。

③中天下而立：居天下之中央而立位，即王天下。

④所性：所得于天者。

⑤大行：行政于天下。

⑥损：减。

⑦分：区划开。

⑧根：本。

译文

孟子说："广大的土地，众多的人民，这是君子所想的，可是他所快乐的还不在此。居位于天下的中央，安定四海的百姓，这是君子所快乐的，但是他所禀受的天性却不在此。君子所得于自然的本性，虽是能行政于天下，在本性上却不增加分毫；即使穷困在家中，在本性上却不减少分毫。因为本分已经固定了。君子所禀受的天性，仁义礼智都是本具于内心的。他所表露出来的，显在脸上，非常润泽光明，洋溢在背上，非常神足丰满，施行到全身四肢，不必用口宣说，就知道本性的旨趣。"

伯夷辟纣

孟子曰："伯夷辟纣，居北海之滨，闻文王作，兴曰：'盍归乎来①，吾闻西伯②善养老者。'大公③辟纣，居东海之滨，闻文王作，兴曰：'盍归乎来，吾闻西伯善养老者。'天下有善养老，则仁人以为己归④矣。五亩之宅，树墙下以桑，匹妇蚕之，则老者足以衣帛矣。五母鸡，二母彘，无失其时，老者足以无失肉矣。百亩之田，匹夫耕之，八口之家足以无饥矣。所谓西伯善养老者，制其田里，教之树畜，导其妻子，使养其老。五十非帛不暖，七十非肉不饱。不暖不饱，谓之冻馁。文王之民无冻馁之老者，此之谓也。"

注释

① 来：语末助词。
② 西伯：西方诸侯之长。
③ 大公：太公，姓姜，名尚，字子牙。东海人，助武王灭纣有

天下，封于齐。

④己归：己之所归。

译文

孟子说："当初伯夷逃避纣王，隐居在北海的边上，听见文王兴起，就说：'为什么不同去归依那文王呢？他做了西伯，最能奉养老人的。'姜太公逃避纣王，隐居在东海的边上，听见文王兴起，就说：'为什么不同去归依那文王呢？他做了西伯，最能奉养老人的。'天下有能奉养老人的君王，那么仁德的人，都会以为是自己应该归依的人了。每个家庭配给他五亩住宅，在墙边种植桑树，使妇女们养蚕，那么，老年人就足以有绸缎穿了。养五只母鸡，两头母猪，不要错过它们的生殖时期，那么，老年人就足以有肉吃了。一百亩的田，分给一个男子耕种，有八口的人家，就可以不会饥饿了。说西伯最能奉养老人，就在于他制定土地制度，教人民栽桑树，养牲畜，开导他们的妻子要奉养家中的老人。一个人到了五十岁，没有绸缎穿，就不会暖；七十岁，没有肉吃，就不会饱。穿不暖，吃不饱，就叫作受冻挨饿。文王时代的人民没有受冻挨饿的老人，这就是说文王最能奉养老人的。"

易其田畴

孟子曰："易①其田畴②，薄其税敛③，民可使富也。食之以时，用之以礼，财不可胜④用也。民非水火不生活，昏暮叩人之门户，求水火，无弗与者，至足矣。圣人治天下，使有菽粟如水火。菽粟如水火，而民焉有不仁者乎？"

> 名师释疑

菽（shū）：豆之总名。

注释

①易：治。
②畴：耕治之田。
③税敛：税收。
④胜：尽。

译文

孟子说："整治他们的田地，减轻他们的税收，便可使人民富足。叫他们饮食有定时，用度须合礼，金钱就可以用不完了。人民没有水火便不能生活，但在天黑时敲人家门，讨取点水火，没有人不肯给的，因为水火太多了。圣人治理天下，要使人民的豆米都像水火一样多。到了豆米多得像水火，人民哪里会做出不仁的事呢？"

名师指津

孟子认为治理天下就是要让百姓富裕，百姓富裕了，社会整体的道德水平就会得到提高。

孔子登东山而小鲁

孟子曰："孔子登东山①而小鲁，登太山②而小天下。故观于海者难为③水，游于圣人之门者难为言。观水有术，必观其澜④。日月有明，容光⑤必照焉。流水之为物也，不盈科⑥不行；君子之志于道也，不成章不达。"

注释

①东山：鲁城东之高山。
②太山：即泰山。
③难为水：即难言水。

④澜：水中大波。
⑤容光：小缝隙。
⑥科：坎。

译文

孟子说："孔子登上东山，就觉得鲁国小了；登上泰山，就觉得天下小了。所以见过大海的人，难和他谈水；游学于圣人的门下，就难和他讲论学问了。看水有个方法，必看它从源头流出壮阔的波澜；日月的光明，只要有隙缝容纳的地方，必定能够照射到。流水这样的东西，不注满了低洼的坎坑它是不会向前流进的；君子立志求道，不积厚到文章外现的时候，就不会通达到圣人的境地。"

名师指津
这句话告诉我们两个学习道理：一是要有比较高的境界；二是学习当积累，积累到一定程度就能由此及彼，通达事理。

名师释疑
蹠：同"跖"。盗跖，为古大盗之通名。

鸡鸣而起

孟子曰："鸡鸣而起，孳孳①为善者，舜之徒也；鸡鸣而起，孳孳为利者，蹠之徒也。欲知舜与蹠之分，无他，利与善之间也。"

注释

①孳孳：同"孜孜"，勤勉。

译文

孟子说："鸡叫就起来，马上勤勉地去做善事，这是舜一类的人；鸡叫就起来，马上勤勉地去谋私利，这是盗跖一类的人。要明白舜和盗跖的区别，没有别的不同，只在行善和谋利之间去分辨就是了。"

饥者甘食

孟子曰："饥者甘食，渴者甘饮，是未得饮食之正也，饥渴害之也。岂惟口腹有饥渴之害？人心亦皆有害。人能无以饥渴之害为心害，则不及人不为忧矣。"

译文

孟子说："饥饿的人觉得什么东西都好吃，口渴的人觉得什么茶水都好喝，这是没有得着饮食的正味，由于饥渴害了他。岂止口腹有饥渴的害处，人心也有同样的害处。人要能够不把饥渴的害处来贼害他的心，那么，即使富贵不如人，也不会忧愁了。"

尧 舜

孟子曰："尧舜，性之①也；汤武，身之②也；五霸，假之也。久假而不归，恶知其非有也。"

◀ 名师释疑 ▶

假之：假借仁以正诸侯也。

注释

①性之：天性之自然。
②身之：身体力行之。

译文

孟子说："尧舜是纯乎天性自然而然行仁义的；汤武是修身力行来体验仁义的；五霸只是窃借仁义做幌子罢了。如果长久的假借没有归还,又怎么知道他不是真有这个仁义呢?"

伊 尹

公孙丑曰:"伊尹曰:'予不狎于不顺①,放太甲于桐②,民大悦。太甲贤,又反之,民大悦。'贤者之为人臣也,其君不贤,则固可放与?"

孟子曰:"有伊尹之志③则可,无伊尹之志则篡也。"

注释

①予不狎于不顺:狎,习见。不顺,太甲所为不顺义理。
②放太甲于桐:放,置。太甲,太丁之子,成汤之孙,又称太宗。桐,汤葬地。
③伊尹之志:天下以为公心,而无一毫之私者。

译文

公孙丑说:"伊尹说:'我看不惯那行为不顺的,因此把太甲安置在桐这个地方,百姓都非常高兴。等到太甲改过,又将他迎回都城,百姓又非常高兴。'贤德的人做臣子,他的国君不好,原来可以改置他吗?"

孟子说:"有伊尹的公正态度就可以,而没有伊尹的忠贞作风,就是篡位。"

名师指津

东汉权臣董卓在废少帝之时,卢植就对董卓说了这句话,可见志向对于一国之君的重要性,稍有不慎,就是百姓之患。

王子垫

王子垫①问曰:"士何事?"

孟子曰:"尚志。"

曰:"何谓尚志?"

曰:"仁义而已矣。杀一无罪,非仁也;非其有而取之,非义也。居恶在?仁是也;路恶在?义是也。居仁由义,大人之事备矣。"

注释

①王子垫:齐王之子,名垫。

译文

王子垫问道:"士做什么事?"

孟子说:"使自己的志向高尚。"

王子垫说:"什么叫作使志向高尚呢?"

孟子说:"志在仁义二字罢了。杀了一个无罪的人,就是不仁;不是自己所有而把它取来,就是不义。这颗心住在哪里?在仁上;走的路在哪里?在义上。所住的便是仁,所从的便是义,这样大人的事就完备了。"

名师指津

所谓"大人之事备矣"实际上是指大人的修养就够了。这里的"大人"就是君子。孟子在此处仍然强调的是"仁""义"对于一个人的重要性。

孟子自范之齐

孟子自范之齐①。望见齐王之子,喟然②叹曰:"居移气③,养移体④,大哉居乎!非夫尽人之子与?"

孟子曰:"王子宫室、车马、衣服多与人同,而王子若彼者,

名师指津

"居移气,养移体"指地位与环境可以改变人的气质,修养或涵养可以改变人的素质。意思是人可以随着地位待遇的变化而变化。仍然强调的是环境对于一个人的重要性。

173

其居使之然也。况居天下之广居者乎？鲁君之宋，呼于垤泽之门⑤。守者曰：'此非吾君也，何其声之似我君也？'此无他，居相似也。"

注释

①自范之齐：范，齐邑，今山东省范县。之，到。
②喟（kuì）然：叹声。
③居移气：居，所处之位及环境。地位环境足以影响人之气象。
④养移体：养，奉养。言人之奉养足以改变身体。
⑤呼于垤（dié）泽之门：呼，怒呼。垤泽，宋国城门名。

译文

孟子从范邑到齐国，看见齐王的儿子，就感叹地说："地位环境可以影响人的气象，奉养可以改变人的体态，地位环境的关系真大啊。他不也是和一般人的儿子一样吗？"

又说："王子所住的房子、所乘的车马、所穿的衣服多和人相同，可是王子的态度那样好，这是受他的地位环境影响。何况那处于天下广居的仁人呢？从前鲁君到宋国，呼吼于垤泽的城门前。守门人说：'这不是我的国君，怎么声音这样像我国君呢？'这没有别的原因，只是因为所处的地位环境相似啊！"

食而弗爱

孟子曰："食①而弗爱，豕交②之也；爱而不敬，兽畜③之也。恭敬者，币之未将④者也。恭敬而无实，君子不可虚拘⑤。"

注释

①食（sì）：以饮食与之。
②交：接。
③兽畜：兽，犬马之属。畜，养。
④将：犹奉。
⑤虚拘：以虚伪之恭敬而挽留。

译文

孟子说："供给他饮食而不爱他，只是当猪接待他；爱他而不敬他，只是当犬马养他。恭敬的心是在未奉送币帛礼物以前就具有的。如果仅有外表的恭敬，而无内心的诚意，君子不会为此虚伪的恭敬而被挽留住的。"

形 色

孟子曰："形色①，天性也；唯圣人然后可以践形。"

注释

①形色：形，形体。色，颜色。

译文

孟子说："人的形体气色，就是自然的本性流露；只有圣人才能依照人的原形而实践他的本性。"

名师指津

我们给予之时应该由衷而发，具仁爱之心，否则对待被给予之人即与牲畜无异，这也是儒家思想中仁爱思想的具体体现。

名师释疑

践形：依照人之原形而实践之，使无亏缺。

齐宣王欲短丧

齐宣王欲短丧①。公孙丑曰："为期②之丧，犹愈于已③乎？"

孟子曰："是犹或紾④其兄之臂，子谓之姑徐徐云尔⑤。亦教之孝弟而已矣。"

王子有其母死者，其傅为之请数月之丧。公孙丑曰："若此者，何如也？"

曰："是欲终之而不可得也，虽加一日愈于已，谓夫莫之禁而弗为者也。"

注释

①短丧：缩短三年之丧。
②期：一年。
③已：止。
④紾（zhěn）：扭，转。
⑤姑徐徐云尔：姑徐徐，谓且缓缓扭之。云尔，语助词。

译文

齐宣王想要缩短三年的丧期。公孙丑说："改为一年的丧期，总比不穿孝服要好些？"

孟子说："这如同有个人要扭转他哥哥的手臂，你告诉他，暂且慢慢儿扭。依我看，你教他孝悌就好了。"

有个王子，他生母死了，他的老师替他请求几个月服丧。公孙丑说："像这件事怎么样？"

孟子说："这本来想服完三年丧，却不可得，即使多加一天，总比不穿孝服好。我刚才所说的，是针对那些没谁禁止他，却自己

名师指津

"孝"是一种从人类的天性中所产生的至高无上的情感，可转变为一种纯洁崇高的道德信念，它是人类的血缘关系的必然结果。丧葬之礼的制定合乎人情，是礼的根本出发点。但现今也有与之相悖的意见，认为孝是由心而生的，并不拘泥于形式。然而其中道义却是完全一致的。

不肯服满三年丧的人说的。"

君子之所以教者五

孟子曰："君子之所以教者五①：有如时雨②化之者；有成德③者；有达财④者；有答问⑤者；有私淑艾⑥者。此五者，君子之所以教也。"

注释

①所以教者五：君子教育人的方式有五种。

②时雨：及时之雨也。

③成德：因其本有之德而教之使成。

④达财：使之通达而为有用之材。财，同"材"。

⑤答问：就其所问而答之。

⑥私淑艾：私，窃。淑，善。艾，治。人或不能及门受业，但闻君子之道于人，而窃以善治其身，是亦君子教诲之所及。

译文

孟子说："君子有五种教人的方法：有像时雨润育草木；有成就他的德行；有通达他的才能；有解答他的疑问；有未能及门受业，私下仰慕并学习君子的嘉言懿行，而来培养自身。这五种，即是君子教人的方法。"

◀ 名师释疑 ▶

嘉言懿行：良好的语言和行为。

道则高矣

公孙丑曰："道①则高矣，美矣，宜若登天然，似不可及也。何不使彼为可几及②，而日孳孳也？"

孟子曰："大匠不为拙工改废绳墨，羿不为拙射变其彀率③。君子引④而不发，跃如⑤也。中道⑥而立，能者从之。"

注释

①道：共行之道。即儒家施行仁义之道。

②几及：将及。几，近。

③彀（gòu）率：张弓之度。

④引：开弓。

⑤跃如：踊跃而出。

⑥中道：中，全。大全之道，人人可从而行之。

译文

公孙丑问说："仁义的道，是非常高超而美妙的。但要学习它，就像登天般困难，总是做不到的。为什么不稍降低些，使人做得到，就能天天勤勉学习？"

孟子说："好的工匠不会因笨的徒弟改变或废弃用绳墨的方法，羿也不会因笨的学射人改变了他拉满弓的限度。君子教人，如同教人射箭一样，只是拉满弓而不发箭，这箭像活跃地跳出的样子。君子站在大全之道的地位，能学的人就随从着去学习了。"

名师指津

"中道"即为中庸之道，就是无过无不及，做得恰到好处。在此，孟子巧妙地将教育问题与儒家的最高标准联系起来。我们今天的学习也一样，老师不能过多地为学生"包办代替"，但又不能毫无启发，应做到"中庸"。

名师指津

孟子认为善于引导的人要激发别人追求真理的积极性，要注重传授的方法，要给人留有体会与理解的余地。

天下有道

孟子曰："天下有道①，以道殉②身；天下无道，以身殉道。未闻以道殉乎人者也。"

注释

①有道：政治清明。
②殉：同"徇"，从。

译文

孟子说："天下有道的时候，道能被我施行；天下无道的时候，我不惜为道献身。没有听说用正道去迎合迁就他人的。"

滕更之在门

公都子曰："滕更①之在门②也，若在所礼③，而不答，何也？"
孟子曰："挟④贵而问，挟贤而问，挟长而问，挟有勋劳而问，挟故而问，皆所不答也。滕更有二焉。"

名师指津

从孟子"不答"滕的这件事中，可以看出在求学之时应抱谦虚之心。

注释

①滕更：滕文公之弟，来学于孟子者。
②在门：在门下为弟子。
③若在所礼：似在礼待之列。
④挟：倚恃。

孟子选译

译文

公都子说:"滕更在夫子的门下,好像也在礼待之列;但是夫子不回答他的问题,这是什么缘故?"

孟子说:"凡倚仗尊贵来问的,倚仗贤能来问的,倚仗年高来问的,倚仗功勋来问的,倚仗旧交来问的,这都不回答的。现在滕更倚仗他的尊贵和贤能,所以我不回答的。"

知者无不知

孟子曰:"知者①无不知也,当务之为急;仁者无不爱也,急亲贤之为务。尧舜之知而不徧物②,急先务也;尧舜之仁不徧爱人,急亲贤也。不能三年之丧,而缌、小功③之察;放饭流歠④,而问无齿决⑤,是之谓不知务。"

> **名师释疑**
> 缌(sī):制作丧服的细麻布,与死者关系最轻者用之,服丧三月。

注释

①知者:智慧之人。知,通"智"。

②徧物:徧,同"遍",普遍。不徧物,指不能普遍知道百工之事。

③小功:丧服用稍粗熟布为之,五月之丧。

④放饭流歠(chuò):放饭,吃饭时放恣无节。流,饮食长吸如流。歠,饮。

⑤齿决:啮断干肉。

译文

孟子说:"聪明的人没有不知道的,但必把当前的紧要事先做完;仁慈的人没有不爱人的,但必先以亲近贤能之人为要务。尧舜的智慧也不能遍知一切事务,只因能先办重要的事件;尧舜的仁慈也不能尽爱所有的人,只因能先急于亲近贤能的人。不能守三年之孝的人,却细察到那缌服和小功服;好像在吃饭时狼吞虎咽,口沫流溢,放肆无度,却注意到不应用牙齿咬断干肉的小节。这叫作不知轻重缓急。"

尽信书

孟子曰:"尽信《书》,则不如无《书》。吾于《武成》①,取二三策②而已矣。仁人无敌于天下,以至仁伐至不仁③,而何其血之流杵也?"

注释

①《武成》:《周书》篇名。武王伐纣,归而纪事之书。
②取二三策:策,竹简。取其二三竹简之言,其余不可尽信。
③以至仁伐至不仁:至仁,指武王。至不仁,指商纣。

译文

孟子说:"完全信《书》中的话,还不如没有《书》好。我对于《书经·武成》篇,只取两三尺竹简的意思罢了。仁德的人,是天下没有敌手的,拿最仁的武王伐最不仁的商纣,怎么会杀得血流漂杵呢?"

名师指津

孟子认为学习要有主张,敢于质疑,获得独特的见解。对于所学的知识,我们要学会分辨,"取二三策""择善而从"。

名师释疑

血流漂杵(chǔ):血流成河,长杆兵器都漂了起来。形容战死的人很多,战争非常残酷。也泛指流血很多。

舜之饭糗茹草

孟子曰："舜之饭糗茹草①也，若将终身焉②；及其为天子也，被袗衣③鼓琴，二女果④，若固有之。"

注释

①饭糗（qiǔ）茹草：饭，作动词用，食。糗，干饭。茹，食。草，粗食。

②焉：于此。

③被袗衣：被，穿。袗衣，画衣。

④果：通"婐"，女侍。

译文

孟子说："舜在吃饭和蔬菜的时候，似乎准备终生如此。等到做了天子，穿着彩服，弹着五弦琴，且有尧的两个女儿侍奉他，这又好像本来如此的。"

周于利者

孟子曰："周①于利者，凶年不能杀②；周于德者，邪世不能乱③。"

注释

①周：积之厚则用有余。

②凶年不能杀：虽遇凶年，不得饿死。

③邪世不能乱：虽处邪世，亦不乱其心意。

译文

孟子说："财富充足的人，虽是遇到凶年，也不会饿死；道德高尚的人，虽是处在乱世，也不会迷失他的心志。"

不信仁贤

孟子曰："不信仁贤，则国空虚①；无礼义，则上下乱；无政事，则财用不足②。"

注释

①国空虚：盖因国中无贤人，故空虚。
③无政事，则财用不足：无善政以教人农时，贡赋则不入，故财用不足。

译文

孟子说："国君不信任贤德的人，那么国中就像没人一样；没有礼义，就没有上下之别，天下就将大乱了；没有善政去指导人民生产，那么国家财用便不充足了。"

名师指津

用善政去指导人民，人们生活富足了，国家自然就强盛了。

不仁而得国者

孟子曰："不仁而得①国者，有之矣；不仁而得天下者，未之有也。"

注释

①得：得之于己，即取而有之。

译文

孟子说："不仁的人，而能取得国家，倒是有的；不仁的人，而能取得天下，是没有的。"

民为贵

孟子曰："民为贵，社稷①次之，君为轻②。是故得乎丘民③而为天子，得乎天子而为诸侯，得乎诸侯而为大夫。诸侯危社稷，则变置④。牺牲⑤既成，粢盛⑥既洁，祭祀以时，然而旱干水溢，则变置社稷。"

名师指津

民贵君轻是孟子社会政治思想的根基，也是其仁政学说的核心，具有鲜明的民本主义色彩，体现了孟子思想的进步性。

注释

①社稷：社，土神。稷，谷神。引申为国家。
②轻：程度小。
③丘民：众民。
④变置：更立。
⑤牺牲：供祭祀的牛羊猪等。
⑥粢（zī）盛：供祭祀的黍稷。黍稷曰粢，在器曰盛。

译文

孟子说："人民是最贵重的，社稷是次要的，国君是最轻的。所以能得民心，就可以做天子；得着天子的信任，就可以做诸侯；得着诸侯的信任，就可以做大夫。诸侯无道，危害国家的安全，就可改立贤君。牛羊猪都养得很肥大，黍稷等祭品都很清洁，祭祀又按照时候，但是仍有水旱的灾害，就要改立新的土谷之神。"

圣 人

孟子曰："圣人，百世之师也，伯夷、柳下惠是也。故闻伯夷之风者，顽夫廉，懦夫有立志；闻柳下惠之风者，薄夫敦，鄙夫宽。奋乎百世之上，百世之下，闻者莫不兴起也。非圣人而能若是乎？而况于亲炙之者乎？"

译文

孟子说："圣人，是可做百代的模范，伯夷、柳下惠就是的。所以凡是听到伯夷风范的人，顽钝的也会变为廉洁，柔懦的也能立定志向；听到柳下惠风范的人，胸怀狭隘的人也会变得宽宏，性情刻薄的人也会变得敦厚。他们在百代以前振奋那清和的美德，百代以后的人，听到的没有不感动奋起的。不是圣人，能够这样吗？何况亲自受到圣人的熏炙教化呢！"

仁也者

孟子曰："仁也者，人也。合而言之，道也。"

译文

孟子说："心德的仁，就是形体的人。把心德的仁和形体的人合起来说，便是道。"

贤　者

孟子曰："贤者以其昭昭①使人昭昭，今以其昏昏②使人昭昭。"

注释

①昭昭：明。
②昏昏：暗。

译文

孟子说："古时的贤人，先使自己明白道理，然后叫人也明白道理；现在的在位者本身就糊涂，却要叫人明白道理。"

名师指津

孟子讽刺了当时的一些昏庸的统治者。

[尽心篇]

齐 饥

齐饥。陈臻曰："国人皆以夫子将复为发棠①，殆不可复②？"

孟子曰："是为冯妇③也。晋人有冯妇者，善搏虎，卒为善士。则之野④，有众逐虎，虎负嵎⑤，莫之敢撄⑥。望见冯妇，趋而迎之。冯妇攘臂下车，众皆悦之，其为士者笑之。"

注释

①发棠：打开棠邑之仓，以赈济人民。
②殆不可复：殆，恐。复，再。恐不可再。
③冯妇：人名。姓冯，名妇。
④则之野：则，乃。之，往。
⑤负嵎：负，依。嵎，山曲。
⑥撄（yīng）：触犯。

译文

齐国又闹饥荒。陈臻说："全国人民认为夫子将再见齐王，请他把棠邑的米粮发出来赈济他们，这事恐不可再去请求罢？"

孟子说："那就变成冯妇了。晋国有个人叫冯妇，最会赤手空拳打老虎，后来做了善士，不再打老虎了。有一次走到野外去，恰巧见着许多人追赶老虎，老虎蹲在山曲的高处，没有人敢去触犯它。大家望见冯妇来了，就向前迎接他；于是冯妇振臂下车，大家都非常高兴，但是被那有识之士笑他不知止呢。"

名师指津

孟子通过"冯妇打虎"的故事来鲜明地体现出两个不同的立场：其一是冯妇被提拔为士人后，还保持原来乐于为百姓除害的品质，因此得到了百姓的欢迎；其二是那些士人认为冯妇既为士人，就应有角色意识，不能混同于普通老百姓再做那些"有失身份"的事。孟子以此隐喻以自己现在的角色不适合去向齐王谏言。

187

口之于味

孟子曰："口之于味也，目之于色也，耳之于声也，鼻之于臭①也，四肢之于安佚②也，性也，有命焉，君子不谓性也③。仁之于父子也，义之于君臣也，礼之于宾主也，知④之于贤者也，圣人之于天道也，命也，有性焉，君子不谓命也。"

注释

①臭：气味。
②佚：通"逸"，逸乐。
③君子不谓性也：不以性欲而苟求之，故君子不谓性。
④知：通"智"。

译文

孟子说："嘴巴想吃好味，眼睛想看美色，耳朵喜听音乐，鼻子喜闻香味，四肢都想安逸，这都是人的本性，但能不能够享受这些，要由命运来安排。但是君子不认为这是天性，决不去强求。仁爱对于父子，道义对于君臣，礼节对于宾主，智慧对于贤者，圣人对于天道，一般人都以为是命定的，事实上却存于本性中，所以君子总在本性上追求，不说那是命定的。"

名师指津

"性"与"命"在人的感官享受追求和道德实现上都起着举足轻重的作用，二者的关系既有区别又有联系，我们理解时不能偏于一隅。现在的学术界认为孟子是"即心言性"，这一概念的提出使人的道德主体性得以挺立，体现了人的道德的自主性与人格的尊严；"命"是人的道德主义的超越根据，有绝对的必然性。此二者是在孔子天命观的基础之上的继承与发展。

浩生不害

浩生不害①问曰："乐正子何人也？"
孟子曰："善人也，信人也。"

"何谓善？何谓信？"

曰："可欲之谓善，有诸己之谓信，充实之谓美，充实而有光辉之谓大，大而化之之谓圣，圣而不可知之之谓神。乐正子，二之中、四之下也。"

注释

①浩生不害：姓浩生，名不害。齐人。

译文

浩生不害问道："乐正子是什么样的一个人？"

孟子说："是个善人，是个信人。"

不害说："怎样叫作善？怎样叫作信？"

孟子说："人们想去喜欢他、称赞他，叫作善；本身即具备善的行为，叫作信；充满善行，就叫作美；既充满了善行而又能发扬光大，就叫作大；已经大到了没有迹象可见，就叫作圣；圣而到了妙不可测的境地，就叫作神。乐正子刚好在善与信两等之间，美、大、圣、神四等之下。"

孟子之滕

孟子之滕，馆于上宫①。有业屦②于牖③上，馆人求之弗得。或问之曰："若是乎，从者之廋④也？"

曰："子以是为窃屦来与？"

曰："殆非也；夫子之设科也，往者不追，来者不拒。苟以是心至，斯受之而已矣。"

注释

①馆于上宫：馆，舍，住。上宫，上等馆舍。
②业屦：正织造犹未完成的麻鞋。
③牖：窗。
④庾：匿。

译文

孟子到滕国，住在滕君的招待宾馆。守馆的人有双没有织好的麻鞋放在窗栏上，忽然不见了，偏找不得。有人问孟子道："追随夫子的人，竟能把人家东西藏匿起来吗？"

孟子说："你以为这些人是专偷麻鞋而来吗？"

答道："大概不会吧！您设立学科，宗旨在教他们培养道德，离开的不去追他，来学的也不拒绝，只要他们是诚心求道而来，便收留他。不过来学的流品不齐，或许有这种恶作剧的人呢。"

> **名师释疑**
> 流品：品类，等级。本指官阶，后来泛指门第或社会地位。

人皆有所不忍

孟子曰："人皆有所不忍，达之于其所忍，仁也；人皆有所不为，达之于其所为，义也。人能充①无欲害人之心，而仁不可胜用也；人能充无穿逾②之心，而义不可胜用也；人能充无受尔汝之实，无所往而不为义也。士未可以言而言，是以言餂之也；可以言而不言，是以不言餂之也，是皆穿逾之类也。"

注释

①充：满。
②穿逾：即穿穴。

译文

孟子说："人都有不忍的心，把这不忍的心推到他忍心的地方，就是仁；人都有不肯做的事，把不肯做的事推到他所肯做的事，就是义。人能充满了不欲害人的心，那仁就用不完了；人能充满了不做窃盗的心，那义就用不完了；人能充满了羞耻心，不受人的'你啊，你啊'的轻贱称呼，那无论在哪里，都不会做出不义的事。士人还没到可以说话时便先说，这是拿话去探取别人的意思，到了可以说话时却又不说，这是以不说话探取别人的意思，这些都是偷窃一类人的行为。"

言近而指远

孟子曰："言近而指远者，善言也；守约而施博者，善道①也。君子之言也，不下带②而道存焉；君子之守，修其身而天下平。人病舍其田而芸人之田——所求于人者重，而所以自任者轻。"

注释

①善道：善行。
②带：腰带。

名师指津

孟子认为作为君子，应以"修身为本"，人们都从自己"修其身"做起，这样就可以天下平。在"修其身而天下平"这个意义上，孟子奉劝大家从我做起，在今天仍很有启迪意义。"修身治平"的儒家思想体现了一种积极进取的精神。对于这种积极的人生哲理和人生态度，我们青少年应该继承并将之发扬光大。

译文

孟子说:"话语虽很浅近,而话中旨趣却很深远,是最好的话语;所守的很简要,而施行极广大,是最好的办法。君子的话语,如同视线只看到腰带以上,说的都是近前之事,话虽浅近而道理却极深远。君子的操守,只是修养自身而去影响他人,就能平治天下。人只怕舍弃自己的田地不耕种而去拔别人田里的草——所要求于别人的很重,而自己负担的却很轻。"

说大人则藐

孟子曰:"说大人①则藐之,勿视其巍巍然。堂高数仞②,榱题数③尺,我得志,弗为也;食前方丈④,侍妾数百人,我得志,弗为也;般乐饮酒,驱骋田猎,后车千乘,我得志,弗为也。在彼者,皆我所不为也;在我者,皆古之制也。吾何畏彼哉?"

> **名师释疑**
> 榱(cuī)题:屋檐下的椽子头,这里借指屋檐。

注释

①大人,指当时之尊贵者。
②仞:八尺曰仞。
③数:约数,几。
④食前方丈:极五味之馈食,列于前方一丈。比喻盛馔。

译文

孟子说:"游说有权位的人,要小看他,不要把他的高贵显耀放在眼里。厅堂高了好多丈,檐椽出了好几尺,假使我得志,决不这样做；陈列肴馔在面前，满满一方丈，侍奉的姬妾几百人，假使我得志，决不这样做；疯狂地饮酒，奔驰着车马打猎，随从的车有千辆，假使我得志，决不这样。他所做的，我决不要做；我所做的，都是古圣先贤的制度。我有什么怕他的呢？"

曾皙嗜羊枣

曾皙嗜羊枣①，而曾子不忍食②羊枣。公孙丑问曰："脍炙③与羊枣孰美？"

孟子曰："脍炙哉！"

公孙丑曰："然则曾子何为食脍炙而不食羊枣？"

曰："脍炙所同也，羊枣所独也。讳名**不讳**姓，姓所同也，名所独也。"

注释

①羊枣：果实小而圆，紫黑色，俗称"羊矢枣"。
②不忍食：曾子以父嗜羊枣，父没之后，唯念其亲，不复食羊枣。
③脍炙：脍，细切肉。炙，烤肉。

译文

曾皙嗜吃羊枣，他死后，曾子不忍再吃羊枣。公孙丑问道："脍炙和羊枣的味道哪样美？"

孟子说："当然是脍炙。"

公孙丑说："那么曾皙生前也必定喜欢吃的，为什么曾子吃脍炙而不吃羊枣呢？"

名师指津

一些人愚昧无知、浅显鄙陋，见到位高权重的人，斜肩谄媚，卑躬屈膝，无所不用其极，完全不顾礼义廉耻。且看两千多年前孟子对待权要贵胄的态度，知识分子之志气溢于全文。孟子坚守自己的人格精神，是非常宝贵的，我们现代人当以效之。

名师释疑

不讳：春秋为尊者讳，为亲者讳，为贤者讳。

名师指津

讳也是大儒家孔子表明自己态度的一种方式，为尊者讳以示尊尊，为贤者讳以示贤贤，为亲者讳以示亲亲。

孟子说："脍炙是大家共同喜欢吃的，羊枣是曾皙独自喜欢吃的。如同避尊亲的名，而不避他的姓，因为姓是大家所同的，名是一个人所独有的。"

孔子在陈

万章问曰："孔子在陈曰：'盍①归乎来！吾党之士狂简进取，不忘其初。'孔子在陈，何思鲁之狂士？"

孟子曰："孔子'不得中道而与之，必也狂狷②乎！狂者进取，狷者有所不为也'。孔子岂不欲中道哉？不可必得，故思其次③也。"

"敢问何如斯可谓狂矣？"

曰："如琴张、曾皙、牧皮者，孔子所谓狂矣。"

"何以谓之狂也？"

曰："其志嘐嘐④然，曰：'古之人！古之人！'夷考其行而不掩焉者也。狂者又不可得；欲得不屑不洁之士而与之，是狷也，是又其次也。孔子曰：'过我门而不入我室，我不憾焉者，其惟乡原乎！乡原，德之贼也。'"

曰："何如斯可谓之乡原矣？"

曰："'何以是嘐嘐也？言不顾行，行不顾言，则曰：古之人！古之人！行何为踽踽凉凉？生斯世也，为斯世也，善斯可矣。'阉然媚于世也者，是乡原也。"

万章曰："一乡皆称原人焉，无所往而不为原人，孔子以为德之贼，何哉？"

曰："非之无举也，刺之无刺也，同乎流俗，合乎污世。居之似忠信，行之似廉洁，众皆悦之，自以为是，而不可与入尧舜之道，故曰德之贼也。孔子曰：'恶似而非者：恶莠，恐其乱苗也；恶佞，恐其乱义也；恶利口，恐其乱信也；恶郑声，恐其乱乐也；恶紫，恐其乱朱也；恶乡原，恐其乱德也。'君子反经而已矣。经正，则庶民兴；庶民兴，斯无邪慝矣。"

注释

①盍：何不。
②狷（juàn）：性情急躁。
③思其次：思次于中道。
④嘐嘐（xiāo）：志大言大。

译文

万章问道："孔子在陈国时，会经常感叹地说：'为什么不回去呢？我乡里有不少弟子都是志气高大而行径疏略，很有进取心，不忘记故旧。'请问孔子当时在陈国，为什么要思念鲁国的狂士呢？"

孟子说："孔子说过，'不能得着中道的人来传授，必然要传给这些狂狷之士了。狂的人有进取心，狷的人有所不为。'孔子难道不想要中道的人吗？因为不一定能得到，所以就想到次一等的。"

"请问怎样叫作狂呢？"

孟子说："像琴张、曾皙、牧皮这些人就是孔子所称的狂士。"

"为什么说他们狂呢？"

孟子说："他们志气高大，说话夸张，一开口就是'古时候人啊！古时候人啊！'可是考察他们的行为，却不能和他们的言词吻合。狂的人也不易得到，就想得到不屑做污秽事的人来传授，这便是狷介之士，这是更次一等了。孔子曾经说过：'经过我的门口，却不进入我屋里，我并不感到遗憾的，那只有那些乡原吧。乡原是伤害道德的贼啊。"

万章问道："请问夫子：什么样的人就叫作'乡原'呢？"

孟子选译

名师指津

孟子认为狂放之士虽然胸怀大志，能讲一番道理，但他们的行为却常常不能与他们的语言相一致。

孟子说："要知道乡原，只要听他批评狂狷的人的话，便可明白。他讽刺狂的人说：'为什么那样言大而夸呢？所说的不顾自己的所为，所为的不顾自己的所说，开口总是说古时候的人怎样古时候的人怎样。'他又讽刺狷的人说：'为什么这样孤僻冷清呢？既然生在这世上，就当依照世上的流俗来做，只要大家说声好就行了。'这样遮遮掩掩地想讨好世人，这就是乡原了。"

万章说："一向都说他是忠厚老实的人，不论到什么地方，不会不当他是个忠厚的好人。孔子以为他是伤害道德的贼，是什么缘故呢？"

孟子说："要说他的不对，却又举不出证据来；要攻击他的罪恶，却又无处可攻击；一味随顺着流俗，迎合着污世。用心好像忠厚，行为好像廉洁；大家都喜欢他，而他也就自以为是，但终于不能进入尧舜的中正之道，所以说是'伤害道德的贼'。孔子说：'我最恨的，是那些似是而非的东西：嫌恶那莠草，是恐怕它混乱了真苗；嫌恶那佞人，是恐怕他扰乱了真义；嫌恶那利嘴，是恐怕他扰乱了真信；嫌恶那淫邪的郑声，是恐怕它迷乱了正乐；嫌恶那紫色，是恐怕它混乱了真红；嫌恶那假忠信假廉洁的乡原，是恐怕它乱了真道德。'君子只要回复到经常的大道就是了，经常的大道端正了，那百姓自然会感动兴起；百姓能够感动兴起，就不会有这样一类的邪恶之人了。"

尧舜至于汤

孟子曰："由尧舜至于汤，五百有余岁①，若禹、皋陶，则见而知之；若汤，则闻而知之②。由汤至于文王，五百有余岁，若伊尹、莱朱，则见而知之；若文王，则闻而知之。由文王至于孔子，五百有余岁，若太公望、散宜生，则见而知之；若孔子，则闻而知之。由孔子而来，至于今，百有余岁，去圣人之世，若此其未远也；近圣人之居，若此其甚也。然而无有乎尔，则亦无有乎尔。"

注释

①五百有馀岁：五百岁圣人一出，天道之常。馀，同"余"。
②闻而知之：生于圣人之后，不能亲见，仅闻其道而识之。

译文

孟子说："从尧、舜到了汤，有五百多年，像禹、皋陶，是亲眼见着尧、舜而知道圣人之道的；像汤，就是耳闻而知道的。从成汤到了文王，五百多年，像伊尹、莱朱，是亲眼见着圣人之道的；像文王就是耳闻而知道的。从文王到了孔子，五百多年，像太公望、散宜生，是亲眼见着而知道圣人之道的；像孔子，就是耳闻而知道的。从孔子到现在，只有一百多年，距离圣人的时代，这样的不远，距离圣人的故里，又是这样的近，然而现在已经没有亲近圣人之道了，那么将来连耳闻圣人之道的人都没有了。"

名师指津

朱熹认为：前半句"然而无有乎尔"指没有"见而知之"者；后半句"则亦无有乎尔"指五百余岁之后更不会有"闻而知之"者了。因此，此句是孟子对没有人继承孔子圣人学说的忧虑。其中足见孟子对孔子（集大成者）的推崇。

名师赏析

通过对本篇的学习我们可以懂得一些道理，诸如：位置决定视野，阅历决定见识，理想决定胸襟；要求自己做到的事，主动权在自己，要求别人做到的事，主动权在别人，是不可控的；修身养性的事情，完全取决于自己，不能怨天尤人；在实践生活中，我们要知行合一；等等。

学习借鉴

好词

良能　良知　睟然　晬然　社稷

好句

* 民为贵，社稷次之，君为轻。
* 不信仁贤，则国空虚；无礼义，则上下乱；无政事，则财用不足。

思考与练习

1. 谈谈你对孟子"民贵君轻"观的理解。
2. 结合当今的现实生活，说一说"知行合一"的重要性。